全裸監督が答える

不道徳で世界一まっとうな人生相談

村西とおる

発行:日刊現代　発売:講談社

はじめに

皆さまは死刑囚に憧れたことがありますか。私はあるんです。

30数年前にＦＢＩに逮捕されて米国連邦大法廷で懲役３７０年を求刑された時、この先4度死んでも故国の土を踏むことができないならば、いっそ死刑囚になりたいと望みました。

死んでくれ、と殺されそうになったことがありますか？　私はあるんです。

闇金融の男に、貸した金が返せないのであれば、ここから飛び降りてくれと群馬の山奥のダムに連れて行かれ迫られたことがあります。

余命一週間の宣告を医師から受けたことがありますか？　私はあるんです。

今から9年前、体調不良で大学病院で検査を受けると、担当の医師から25万人に1人の難病にかかっていると告げられ、余命1週間の宣告を受けました。


恥ずかしきことのみ多かりきの「エロ事師」の人生を歩んできましたが、またそれは他人《ひと》様が味わうことのない艱難辛苦《かんなんしんく》の旅路でもありました。そんな私はいつか「人生で解決できない問題など、何一つない。解決できないと悩んでいるのは、解決しようと本気で考えていないだけだ」との諦観を持つようになったのです。

先頃開催された東京パラリンピックでパラリンピアンが掲げる理念は「誰もが逆境に立ち向かう翼を持っている」ですが、まさしく自分の人生を振り返って「その通り」と大きく同意します。

私はラッキーで幸福な人生を歩いてきました。こんなことを口にすると「前科7犯で借金50億円、米国で370年の懲役を求刑されし愚か者がよく言うよ」と嘲笑《あざわら》われるのですが、強がりでもなんでもなく私の正直な現在の気持ちです。何故ならこうして今、生きていること自体が不思議に思えるほどの山あり谷ありの人生だったからです。

そんなお前でなければ書けない、不遇に生きている人への「人生の応援歌」を書いてみないか、との編集者のお言葉でこの本は生まれました。生みの親の峯田淳氏にこの場をお借りして心から感謝申し上げます。

もう駄目だと進退窮まった時は、この本を開いてください。必ずやあなたさまはお悩みを解決し、もうワンランク上の人生を摑むことになることを請け合うのです。ナイスですね。

2021年秋

村西とおる

目次

第2章　お待たせいたしました！　会社の悩みにお答えいたします

第3章 お待たせいたしました！ 家族の悩みにお答えいたします

第4章

お待たせいたしました！
老後の悩みにお答えいたします

第5章

お待たせいたしました！どんな悩みにもお答えいたします

＊本書は2020年1月から2021年8月の期間に、『日刊ゲンダイ』紙上に「AV監督村西とおる　不道徳すぎる講座」として連載された読者の人生相談記事に、加筆・修正を加えてまとめたものです。

編集協力／丸山小月（村西とおる事務所）
企画／峯田　淳
カバー写真撮影／吉永俊介（『日刊ゲンダイ』写真部）

第1章

お待たせいたしました！
男女、おSEXの悩みにお答えいたします

相談❶

お題 妻の不倫現場を目撃した友人がボロボロに

Q

友人が離婚しました。出張が1日短くなって帰宅すると変な声が聞こえる……。そっと寝室のドアを開けたら、奥さんが見知らぬ男に後ろから突かれていたというのです。問い詰めると謝ることもなく、話にならなかったとか。順調な結婚生活は一変し、辞表を出して。このままでは酒浸《びた》りアルコール依存症に。どうしてあげればいいのか。

（会社員・42歳）

間男された男こそ
エロ事師の村西でございます
耐えられず離婚
あの屈辱的な思いが支えになっています

A

かかったら死ぬ、のコロナ騒動の最中、報道されるところによると弟子に手を出されて、別の「死ぬ死ぬ」を満喫されておられる、ある著名な落語家の女房ドノのような浮世離れなされている女性もおられます。

頭の中ではコロナで死ぬではなく「オ◯ンコで死ぬ」ことでイッパイなのでございます。女性と生まれたからには「桃源郷を見てみたい」の衝動に突き動かされてのことでございましょう。が、夫婦のことは夫婦でなければわからないことでございます。ご当人同士がそれで満足なら、倫理の礫をだれとて投げ入れる権利などないのでございます。また、女房ドノが間男することでかえって夫婦の間が燃え上がり、夜の営みが濃密になったというケースはいくらでもあるのです。

あなたさまのご友人は酒浸りとのことでございます。浮気はともかく、間男を家に入れてまぐわい、ご亭主に露見した後も謝ることがなかったという態度がご友人には相当にショックだったのでしょう。せめて謝ってくれたら、せめて家でなくどこかラブホテルでイタしてくれていたらと、悔いは尽きないのでございましょう。

ご友人が突き付けられていたのは三くだり半でございます。ご友人を男としても夫としても認めないという奥方の宣告でございます。残酷ではございますが、嫌いなものを無理矢理に好きになれというわけにはいかないのが人の世でございます。人の好きは止められず、人の嫌いも止められないのです。

人生、死んでしまいたい時には下を見ろ、俺がいる

このことをご友人にはシッカリとお話しなされてみてください。人生でいくら願っても授からないものはどうあがいても授からないのだという現実を、でございます。絶望から這い上がる方法は一つしかありません。自分よりどうしようもない人生を生きている人間を知ることです。

その意味で私はうってつけかと存じます。なぜなら私も1歳と3歳の幼子の母親だっ

た我が妻が、出張中に間男を家に引き込み、離婚話に至った経験があるからです。私もご友人と同じように途方に暮れました。何の罪もない幼子を犠牲にするのは忍びなかったのですが、耐えられず離婚をしました。「間男妻」は泣いてすがってわびましたが、受け入れることができませんでした。

2人の子供への罪の意識は50年を経た今でも消えることはありません。

10年後、いかなる神の采配か、間男されしマヌケ亭主が尻の穴をご開帳し、エロ事師となってAVデビューを果たしていたのです。「もう二度とあんな屈辱的な思いをするならチ〇ポを切り落とす」の執念が支えとなりました。

だから、お友だちにお伝えいただきたいのです。「人生、死んでしまいたい時には下を見ろ、俺がいる」と。エロ事師があなたさまのご友人にエールを送っていることを。

相談❷

お題 ファイザーといえばバイアグラ

Q 連日、ファイザーの新型コロナワクチンのニュースが流れます。ファイザーといえば、我々にとってはバイアグラです。じつは、バイアグラを使ってみるか迷っています。還暦の声を聞いてから途中でダメになることの連続。長年使い続けている友人に聞くと、最近、効かなくなってきたそうで、効果は一時的なのか、高血圧なのでヤバイかなという心配もあります。

（会社員）

試したい「野望」はわかります
体がどんな具合の反応をするのか
確認しつつ、量を増やすのが
賢明かと存じます

A

男どもを勃起せしめる源泉には生来持って生まれた本能としての「性力」と想像から生まれ出る「情欲」の2つがあります。かつては加齢とともに性欲が減退し、小便だけの用となりと高齢者を嘆かせたのは昔のこととなりました。神の恩寵ともいうべきバイアグラをはじめとする「勃起薬」が登場し、「男だって灰になるまで」の人類有史以来の夢を実現したのでございます。

が、こうした勃起薬にはもろ手を挙げて喜べない副作用が潜んでいることもまた知られる通りでございます。薬によって勃起中枢が刺激を受けることで、過度な負担を心臓に強いることとなり、服用後、救急車で病院に運ばれる事例が数多くみられます。

知人の男は60歳の時このバイアグラのお世話になりました。「性春」が蘇ったと有頂天でしたが、過ぎたるは及ばざるがごとしとなって、愛人と行為の最中、心臓が異常なほどに脈を打ち、腹上死寸前となり、119番を呼ぶ羽目になりました。運ばれた病院で手当てを受け一命をとりとめましたが、医者からは「二度と勃起薬を飲んではならない」との厳命を受けることとなったのでございます。その後、男は愛人と別れ、気の毒なことに朽ち木のような日々を送っております。

かくいう私も以前、モノは試しにとバイアグラを半錠飲んだところ、急に動悸が激しくなり、ＳＥＸどころではないと狼狽し、「主人に知られたら死にます」の覚悟の若妻にお引き取りいただいた、苦い経験がございます。

とくにあなたさまは高血圧であられるとのこと。どうしても一度は試してみたい、の「野望」はよく理解できますので、服用前は専門医にご相談の上か、もしくは1錠を最初は4分の1程度にカットし、どんな具合の反応をご自分の体がするかを確認しつつ、徐々に量を増やされていくのが賢明かと存じます。

エロ事師になって40年続けているのは酢ニンニク毎日一粒

実話誌の中には勃起どころか、ペニスが倍にも肥大するといった夢幻のごとき効能で勧誘している「勃起薬」を目にすることがありますが、そうした「明日からアナコンダ」のまがいものの広告にはお気を付けくださいませ。これまたそれを信じた知人のプロレスラーが服用後、呼吸困難となり、即刻病院送りの被害を受けたことがございました。

そうした人工的な即効性を求めることでなく、食生活からの栄養補給で勃起改善を望まれるならば、なんといっても自然の生薬、「にんにく」が一番でございます。それも焼いたり煮たりと熱を通すことなく、生で食すことでございます。

私めはエロ事師となりてこの40年、一日も欠くことなく「酢にんにく」を毎日1粒、食しております。あなたさまもお試しになられたなら、翌朝勃起した己のペニスが小太鼓のように下腹を叩くことに瞠目するでありましょう。

さすれば、「高校三年生」は舟木一夫の歌のみならず、あなたさまは下腹部に宿る「性春」に酔うことになるはずでございます。

相談③

お題　妻に拒否され、セックスレスになって5年

Q

5年近くセックスレスです。この前、妻を久しぶりに誘ったら「気持ち悪いことしないで」と露骨に拒否。その後、もう一回迫ったら「何するの？」と本当に嫌がられ、離婚の二文字も。ショック2連発。40代半ばでこのまま拒否され続け、一生セックスなしかと考えるとゾッとします。浮気も不倫もする気がないので、離婚しかない……。妻の浮気を勘繰ったりもしています。（44歳・会社員）

離婚を切り出された男
イビキ、体位で我慢の限界の
奥方……まだ間に合います
真実を尋ねてください

A

体を閉じるということは心も閉じているということです。なぜあなたさまの奥方が心を閉じてしまわれたのか、その原因に思い至ることがないご様子ですので、かくなる上は奥方に「夫婦の営みをなぜ拒むのか」と率直にうかがわれてみてください。その結果、あなたさまが思いもよらなかったことを知らされるかもしれません。が、何であれ、そのことを教えられることで自らの行いを軌道修正し、奥方にご納得いただければそれで解決に向かうことになるのではと考えます。夫婦はしょせん他人です。わかり合っていると思っていても、歳月を重ねるうちに「アバタもエクボ」がいつの日か「アバタはアバタ」となって互いの感情にズレが生じ、破局を迎えたといったケースはよくあることです。

知人の男は20年連れ添った奥方から突然「寝室は別にしたい」との申し入れを受けました。男は「この期に及んで俺を嫌いになったか」と激怒し、２人の関係は離婚にまで及んだのです。

真相は男のイビキがあまりにもウルサイので、奥方は寝室を別々にと単純に申し入れただけでしたが、売り言葉に買い言葉となって互いのプライドが邪魔をし、離婚となったのでした。

もう一人、知人に突然奥方から離婚の申し入れを受けた男がいます。理由は夫婦生活の体位にありました。奥方は子供の頃、近所の野良犬が交尾しているシーンを目撃し、バックスタイルが大嫌いになったのです。なのに、夫は夫婦の営みの時には必ずあの野良犬のようなポーズを求めてきて飽きないのでした。もう無神経にもケダモノのような屈辱的な体位をとらされることに我慢ならないと、奥方は離婚を申し入れたという次第でした。

最悪は他に好きな男がいる場合。私は地獄を見ました

かくのごときにそれぞれの奥方は口には出さないけれど我慢の限界という剣を忍ばせ

ていることが少なくありません。真相を知ることでいくらでも改めることができること
なら、これに越したことはないのです。
最悪は奥方に他に好きな男がいる場合です。が、たとえそうであっても嘆くことはあ
りません。私の場合は最初の女房ドノに、夫婦の寝室に間男を連れ込まれ浮気をされま
した。男に組み敷かれた女房ドノの阿鼻叫喚のさまを目撃した衝撃は地獄でした。半世
紀前のことですが、思い出すたびに血が逆流し、己の不甲斐なさに体が震えます。
もしそうだったとしても、あなたさまはまだ大丈夫です。決定的なシーンを目の当た
りにしたワケではないのですから、間に合います。命をとられるわけでもなく、人生は
いつからだって、一からやり直せるものなのです。ただ、今は自分の人生と夫婦の関係
を立て直す好機と鼓舞し、臆病風に吹かれることなく、さあ、今夜こそ、奥方に真実を
尋ねられてください。

相談④

お題　離婚してから一度もSEXしていない

Q

離婚して10年。私はパート、2人の娘は20歳を過ぎ、働いていて生活には困っていませんが、離婚以来、一度もセックスしていません。このまま何もなしで終わるのかと思うと……。モヤモヤする時もあります。最近、知り合いの男性に誘われています。不倫です。「大人になった娘もいるのに」と迷っています。

（バツイチ・50歳）

「1年後の自分に後悔しない生き方」を心がけています
あなたさまも男性を愛する道を1年、貫かれてはいかがでしょうか

A

私たちは子どもに、人生のどんな時であっても笑顔を忘れずに生きて欲しいと願うのですが、子どもたちもまた、自分の親に悔いのない人生を生きて欲しいと望んでいます。

お嬢さまは20歳を過ぎた立派な大人です。もうあなたさまは自分の生きたいように生きられてよい季節です。愛は許すのです。愛は欲情することも許すのでございます。

さあ、これから先は女の花道を思う存分に歩かれてください。50歳の年齢はまさに女盛りです。女は灰になるまでと申しますが、人生100年の時代、これから先は少なくとも30年は現役の「下半身」でお過ごしになられてください。

先頃、身罷られました内海桂子師匠のように、97歳になるまで24歳年下のご亭主との艶やかな日々を過ごされるような生涯現役が理想でございます。なんとなれば、性愛を楽しむことを欠くことがなければ、女性ホルモンが著しく活性化し、いつまでも若さを保ち美しくあることができるからです。

少なくとも30年は現役の下半身でお過ごしください

我がAV業界においても、あなたさまのような「熟女」モノが人気ナンバーワンでございます。いくらでもヤっていいのよ、その優しさ、おもてなしの精神がシたがりの男たちに好評を博してございます。世の男どもの中にはあなたさまのような熟女にヨダレをたらしながら「欲しがり光線」を放っている「スケベ」な野郎が山ほどいます。

かの玉袋筋太郎氏などは「恥毛が白髪の年増女性でなければ燃えない」と申されております。プロレスの藤原組長に至っては、ただの熟女でなく、「老衰でベッドの上で酸素吸入を受けているご年配でなければその気になれない」とまで言い募っているのです。

ご年配の原宿と言われる巣鴨の有名デリヘルには予約が2カ月先まで取れないという人気の「シゲ子さん」(84歳)が在籍しております。

彼女の上下の歯を喪失した歯茎の甘噛みが何とも絶妙で、押すな押すなの大盛況となってございます。

が、残念なことにシゲ子嬢はここのところ老いには勝てず、神経痛を患い、自力歩行が困難となっております。よって運よく予約が取れても、介添え役の76歳の幸子さんがご一緒でなければお仕事を受けることができません。

かくてお客は幸子さんの分まで支払わなければならない高額な勘定となるのですが、予約は引きも切らずとなっています。

噂ではシゲ子さんは今度AVデビューを果たされるとのことです。タイトルは「年増《としま》園」と聞き及んでおります。

最後に我が亡き母は70歳の時、息子の私と同じ齢の38歳の男と熱愛を繰り広げたことを申し添えます。20歳もサバを読んでのことでしたが……。

私は「1年後の自分に後悔しない生き方」を心掛けています。あなたさまにおかれましても、自分と男性を愛する道をこの1年、貫かれてみてはいかがでしょうか。

夫が外で〝グルメ〟の道に突き進んだらそれこそ悲劇です ニーチェの「欲情することも赦《ゆる》す」の言葉を胸に刻んでください

相談⑤

お題 性欲が強過ぎる夫に困っている

Q 夫は自営業で自宅の隣に事務所があります。性欲が異常に強い夫は、結婚当初は朝、昼、晩と1日に3回。出産後は夜のみ、子供が成長しても昼休みに毎日です。濡れずに痛い時があるので、〝お勧め〟から解放されたいのですが、夫に「外でやってきてもいいわよ」と言っても、夫は「おまえとやりたいんだ」。私を好きでいてくれるのはありがたいのですが……。

（専業主婦・55歳）

A

ごちそうさまでございます。とまず申し上げます。が、胸やけなさった揚げ句のあなたさまは「もうたくさん、外でお食事でもして欲しい」と食傷気味であられるご様子です。が、もし本当にご亭主が外での食べ歩きをなされた時、他の女性との濃厚接触により、今どき話題のよからぬ感染症を家に持ち帰られることの危険性を考えられてみてください。

また、今まで知ることのできなかった女性器の味を覚え、グルメの道を突き進むことになるやもしれません。そうした時に巻き起こる経済的リスクや精神的疲弊を考えれば、家庭料理が一番だと溺れているご亭主を、わざわざ外食に追いやるメリットは何もありません。濡れが少ないとのお悩みは近頃ではそうした女性専用の医学用ローションが市販されていますので、お手当てなされてみてはいかがでしょう。

あなたさまは「快楽を奏でるこの上もない楽器」なのでございます

肝要なのはご亭主の心の内を正しく理解することです。思いますに、ご亭主にとってあなたさまは「快楽を奏でるこの上もない楽器」なのでございましょう。その楽器を奏でる都度にそのボディから発せられるメロディーにご亭主は癒やされ、夢うつつとなられています。いわばご亭主を性懲りもないスケベにさせている責任の半分はあなたさまにもあるということです。

私は過去にこれまでになく体に合う名器と遭遇したことがありました。それまでは我が女房ドノが3つ星レストランと思い込んでいたのでしたが、上には上がいました。会えば日に3度といわず、彼女と幾度も体を重ねました。一刻でも離れていることができず、撮影の合間にも現場ホテルの別室に彼女を呼び寄せ、互いに体をむさぼりあったのです。

その前後にはAV女優さまとのコトをそれぞれにこなしながら、です。

彼女のことを考えると一日中仕事も手につかず、気が付けばゲッソリとやつれていました。あのまま続けていたらすべてを失っていたと思うのですが、別れの引き金を引いたのは彼女でした。

内緒で私の女房ドノに電話を入れ、これまでの2人の関係を告白し、別れるようにと求めたのです。幼い息子を抱いた自慢の長い髪を切り落とした女房ドノから、涙ながらにそのことを伝えられ、目が覚めました。

その後の修羅場は筆舌に尽くしがたいものでしたが、かくのごときに世の中は一寸先は闇でどこにどんな「スケベな穴」が待ち受けているやもしれず、ゆめゆめご亭主を「スケベな外食」に追いやってはならないということです。

ご亭主の性愛の要求を本気で拒絶すると、侮辱されたと感じロクデモナイ行動に走る恐れもあります。ここは二世を契った愛に満たされていると意識することで、苦しさを快楽に誘いましょう。

愛は赦す、欲情することも赦す、のニーチェの言葉を胸に刻んで、どうか残り少ない結婚生活を愛に殉じ、全うなされてくださいませ。

人は必ず失敗する
逆境をすべて自分の都合の
いいように解釈すれば
どう風が吹こうと前に進むことができます

相談❻

お題 **妻から『あなたは要らない』と言われた**

Q 熟年離婚を決めてカミさんと家庭内別居を続けています。キッカケはカミさんの不倫と彼女の実家での口論です。彼女の両親がいる前で「もうあなたは要らない」と言われました。その場で「要らない」とはなんだと怒りました。ゴミのように全否定されて一緒にいる気はないです。子どもが大学を卒業したら家を出ます。間違っているでしょうか。

（会社員・51歳）

A 「屈辱」とはあなたさまのただ今の心境を言うのでしょう。私とて女房に浮気をされて離婚した過去を持つ身です。痛いほどあなたさまのお気持ち、理解できます。

ただ私の場合、あなたさまと違うのは肉体関係を持った相手からその後少なくとも6000人の日本人男性の前で「あの村西監督のSEXはさほどではないわ」と暴露された経験があることです。

最初の女房ドノに浮気をされてから、その屈辱をバネにエロ事師の道に入り、AV監督としてその存在を世間に知らしめた頃でした。手塩にかけたAV女優が引退し、ストリップの世界へと旅立ちました。現役時代の彼女は公共放送にも出演の経験がある元アイドルでしたので、ストリップの世界でも大変な人気を博したのです。

ストリップ嬢が引退の際には普通、1年かけての日本一周の引退興行を行うのでしたが、彼女の場合は前代未聞の3年の長きにわたり、「これが最後の見納め」を日本津々浦々のストリップ劇場で敢行したのでした。

そして恒例となっているステージ最後の「オープンタイム」では股を大きく開き、観客の指をその秘部に導き「ああ、上手、そのピアノタッチは村西監督より何倍も上手よ」とやったのでございます。

別れた女房以外に私を見下す男が6000人もいる

ストリップ嬢は平均で年200日、舞台に上がります。1日10人のお客に「村西監督より上手」とのお褒めの言葉を提供し、年間少なくとも「2000人」の「オレは村西より上」との男たちを誕生せしめたのです。引退までの3年間で実に6000人もの「アノ村西よりオレのほうが」の男たちが日本列島にひしめくことになりました。

あなたさまは奥方おひとりですが、私は別れた女房以外に上から目線で見下される男性を6000人も、この狭い日本に抱えているのでございます。下には下がいるといいますが、もっと下がいることをご理解いただけるのではないでしょうか。

しかしながら、私は浮気をした女房や6000人もの男たちに「あなたのほうがナイス」と言い放った元AV女優のストリップ嬢を責める気はありません。なぜなら、男と女の関係は理屈ではどうにもならない、寿司より肉が好きなら仕方がない「相性」の世界だからです。

広い世間にはあなたさまに舌鼓を打って目を細める存在の女性が必ずいます。相性の悪い相手と知らずに一緒の墓に入らなくてすんでラッキーとお考えください。逆境はすべて自分の都合のいいように解釈することです。

そうすることができれば、ヨットの帆のように風がどこにどう吹こうとあなたさまは前を向いて進むことができます。

結婚のみならず、人間は好むと好まざるにかかわらず必ず失敗します。その失敗を引きずらず、いかに早く忘れて次の幸福に向かって挑戦するかが人生の分かれ道となるのでございます。

相談❼

お題 妊娠した妻の姿がグロテスクで……

Q 不謹慎かもしれませんが、妻が妊娠してからずっとギクシャクしています。妊娠した女性をリアルに見るのは妻が初めて。お腹が出て乳輪、乳首が大きく、黒くなる。それがグロテスクで妻に近づくことができなくなりました。出産後もそれが脳裏に焼き付いてセックスもできません。このままでは浮気しかないのかと。

（会社員・39歳）

AV男優は「想像する性欲」でインポ知らず
自分なりの「玉手箱」でいくらでもボッキできるのでございます

A

子供を産まれた奥方の体の変わりようにア然とするのは、世の夫族であれば誰しものことです。が、若い世代では桜色だったはずの乳頭が突然変異を見せて干しブドウのごとくに黒ずみを見せようが、5段腹となったお腹にこの世のものとも思えぬ面妖な絵模様が描かれていようが、頭の中は「イタしたい」ことばっかりで、それどころではなく奥方を組み敷かれるものでございます。

が、あなたさまのように39歳と「イタし盛り」の過ぎた年齢となりますと、パワーが不足しております。体の奥から突き上げてくる性衝動に振り回され、奥方が生理中にもかかわらず玄関口で求め続けた若い日が懐かしく思い出されるのです。

滴り落ちる生理血などモノともせず舌を使い「吸血鬼みたい」とその口まわりを赤く染めている顔を奥方に笑われたことも記憶のかなたと消え去っています。

美意識にせっかくの性欲が押しつぶされそうになっているあなたさまには、AV男優の知恵を拝借し、それを発動していただきたく存じます。一流のAV男優は共演する相手女優がどんなタイプであっても、あるいは撮影場所が寒風吹きすさぶ河原であろうが、ボッキをなして果敢でございます。

なぜならAV男優はモノを見てモノを見ずの、いわば心ここにあらずのボッキ回路を持っているからです。だから、相手の女優が母や祖母のような老女でも、顔が大相撲の関取衆のごときご面相の巨乳女優でも、小陰唇が蝶結びできるがごときに肥大している使い込みが激しい女性であっても、臆することなくソソリタち、煙が立ち上るほどの激しい出し挿《い》れを可能としているのです。

拒絶反応を起こし、せっかくの「アワビ」を忌避しては損

かくのごとき相手かまわずのAV男優の「ボッキの源泉」とはいかなるものでしょうか。

人間の性欲には持って生まれた「本能」の性欲と「想像する性欲」があります。「本

能」の性欲はストレスや加齢によってあっという間に行方不明となります。が、「想像する性欲」の方は自在でございます。AV男優はこの自在な「想像する性欲」で不条理な現場に挑み、インポ知らずとなっているのです。

撮影現場のAV男優の頭の中にあるのは眼前のAV女優ではなく、初恋の女性や好きな人気女性タレント、エロ小説の一節、AVや映画の淫らなシーンや憧れの町内会の副会長の奥さまであったりします。

こうした自分の「玉手箱」さえあれば、誰にでも、いくらでもボッキできるのがAV男優でございます。

ちなみに、私の場合は「女房ドノの妹」です。

かくのごときに「想像の力」を借りて一度頂をのぼり切れば、あとは一瀉千里、人生のその他の困難と同じく、「インポ」の壁を乗り越えられましょう。異形な外見に拒絶反応を起こし、せっかくの「アワビ」を忌避していては損でございます。

石炭色の「花びら」に憑りつかれた男が今も追い求めて女性遍歴を続けています好きに殉じてくださいませ

相談⑧

お題 ブルマーフェチを告白できません

Q

中学2年の時、学年で一番の美少女のクラスメートがいました。彼女のブルマー姿で性に目覚め、オナニーを覚えました。今もブルマー姿に興奮します。過去、付き合った女性は数人いましたが、ブルマーフェチであることを告白できず、別れを繰り返してきました。でも、結婚も諦めていません。どうしたらいいか教えてください。

（60代・会社員）

A

初恋の人への焦がれる思いはだれしものものです。私も半世紀以上経った今も目を閉じれば、昨日のように憧れた初恋女性のセーラー服姿がまぶたの裏に浮かび上がります。

還暦を過ぎても、あの時の美少女のブルマー姿が忘れられないあなたさまの熱き思いは自然なこと、忌むべきことではありません。

知人の男の初恋の女性は、小学4年の時の担任の女教師でした。女教師は大学を出て初めて自分の担当クラスを持った、髪が長く色白な美人新人教師で、知人の男は幼心にその女教師に恋心を抱き、頭の中はたちまちのうちに女教師のことでイッパイになりました。

やがて男は我慢できずに、イケナイ行動を取るに至ります。女教師が入ったトイレの隙間から用を足している姿を盗み見たのです。

男の目に飛び込んできたのは、小便を放出している女教師の股間の足の付け根でした。そこには小陰唇のビラビラが息づいていたのです。それも大ぶりの花びらで、とくに目に焼き付いたのは、その花びらが石炭のごとく漆黒であったことでした。

それ以来、男は女性の小陰唇、とくに漆黒色の大ぶりな花びらに取り憑かれるようになったのです。

男から最初、その告白を受けた時に「まさか石炭色はないだろう」と疑問を口にしましたが、男は「間違いなくあれはド真っ黒だった」と断固として言い張るのでした。

女教師はことのほか色白だったという話でしたから、「体中のメラニン色素がその局所に集中して沈殿したのでは」と推察したのでございます。

が、気の毒なのは「ド真っ黒の小陰唇」のとらわれ人となった男でございます。いくら焦がれたといえども、世の中に小陰唇が石炭色の色彩を帯びた持ち主の女性など、そう存在しているものではありません。

しかしながら男は成人した後も、その「美意識」から抜け出すことができず、今年50を数える齢を重ねても諦めることなく、石炭色の小陰唇を求め、女性遍歴を続けています。

私が知り得る限り、あなたさまはお花見気分

男は貸しスタジオで財をなし、都内に二十数カ所のスタジオを持つやり手実業家ですが、心を「石炭色」にからめとられ、今日まであなたさまと同様に独身です。比べれば、あなたさまの「ブルマーフェチ」などお花見気分でございます。知人の男は〝お突き合い〟をした女性に「小陰唇を黒く入れ墨で染めて欲しい」と頼んでハリ倒されたことがありますが、入れ墨ならぬ「ブルマーをはいて欲しい」程度のお願いなど、普通の大人の女性であれば快く引き受けてくれるからです。

その場合、ブルマーの中に福沢諭吉を数枚忍び込ませる芸当を忘れなければ、次回の逢瀬の約束を女性から求められることは畢竟です。

ブルマー好き上等！　好きに殉じてくださいませ。ブルマー好きが恥ずかしいのなら、日本中が恥知らずの男だらけになるのですから。

相談⑨

お題 ラインに元カノが入ってきて連絡するか迷っている

Q

ラインに20年くらい前に付き合っていた彼女が入ってきました。電話番号が変わらないままでたまたまつながったのかな、もしかして会いたがっているのかとも思いました。友人にそれとなく聞いたら彼女は今も独身ということでした。「元気ですか」とか送ってみたらと言われて、何度か書き込んでみたのですが、送る勇気が出ません。どうしようかとまだ迷っています。

（50代・会社員）

恋愛については
女性の方が大胆で野蛮
縁あっての再会を運命の命じるままに
果敢に挑戦されてはいかがか

A

ＡＶの撮影では決断の積み重ねで映像が制作されます。どのアングルから撮るか、サイズはどうか、カメラの高さと低さは、照明の具合は、といった無限の選択肢からその場その場の瞬間に決断し、ビデオカメラを回します。

どうしたらいいかわからない、の優柔不断は許されず、決断あるのみの仕事となっています。

あなたさまも会社員のお立場でありながら自覚がなくてもお仕事の現場では「決断」することを積み重ねておられます。「決断」がなければトイレに行く、昼食を取ることであってもかなわないからです。日常の私生活においても、大なり小なりの「決断」がなければ営むことはできません。例えば、それは「何もしない」ことであっても「何もしない決断」の発露なのです。

決断し実行することで私たちは成長してきました。たとえ失敗しようとも、そうした経験が私たちの糧となり、次なる機会の力となってきたのです。「人間は『失敗の経験から学ぶ生き物』」はＳＥＸで経験済みのことと存じますが、二度ない人生では「決断」

せずに、臆病風に吹かれ、漫然とやり過ごし「あの時に食べておけば、飲んでおけば、イッておけば、やっておけばよかった」と後悔するほど無益なことはありません。

もし失敗しても失うものは何でしょう。うぬぼれとはオサラバを

このたびの女性のことについても、縁あっての再会です。運命の命じるままに果敢に挑戦されてはいかがでしょうか。よくちまたで絶世の美女とブ男の不釣り合いなカップルを目撃しますが、ブ男が勝利を収めているのは臆することなく情熱のままに、当たって砕けろと挑戦したからです。

足の付け根に膣を2つ秘匿する、AVから転出したストリップ嬢がいました。その夢のような秘部に魅せられ、多くのファンが殺到しましたが、彼女を射止めたのは地方の名のある建設会社の御曹司でした。金にモノをいわせて彼女を口説いたわけではありま

せん。彼女を劇場のステージで目撃してからその後、彼女の興行先の劇場に毎週現れ、花束を届けたのです。

1年後、願いがかなって、6万人に1人といわれる「膣2つ」の憧れの彼女と、華燭の典を挙げることができました。

かくのごときにリスクを恐れず挑戦した者だけに「成功と性交」の女神がほほ笑む、は人類の歴史の不変の真実でございます。

あなたさまが勇猛果敢にチャレンジし、もし失敗したとしたら失うものは何でしょう。うぬぼれとはオサラバしましょう。心の底では自分は愛されてしかるべきとうぬぼれているから、せっかく訪れたチャンスを見逃しかけているのです。

10年の歳月を重ねて栄冠に輝いた松山英樹選手に学び、1番ホールからスタートしてください。チャンスは今なのです。そして忘れないでください、恋愛については女性の方が一層大胆で野蛮であることを。

相談⑩

お題 女子トイレに入ったら女装した大男が……

Q

先日、渋谷のビルの中のトイレに入ったら、どう見ても女装しているとしか思えない大柄な人が入ってきてビックリしました。一瞬ミッツ・マングローブかと思いました。ジェンダーについてあれこれ言う気はありませんが、私は女子トイレにそういう人がいるのが生理的にダメです。気持ち悪い。監督は今のジェンダー問題をどう思いますか。

（30代・OL）

野や山にはさまざまな木や花や生き物が息づいていてこその「生きる豊かさ」。悪感情を表情に表すことなきマナー人であれ！

A

性差などものともせずのエロ事師の身であっても、それとわかる「女装人」が男子用トイレに唐突に入ってきたら、平常心でいることができないように思います。それは単に「差別」という意識からではなく、違和感を覚える存在への「条件反射」の感情です。とくに弱い立場の女性のあなたさまにとっては、相手が正体不明の大柄な「女装人」であれば「もしや狂人では」との疑いを持たれ、防衛本能を働かされて「気持ち悪い」との不快な感情を抱くのは当たり前のように考えます。

他人への好悪の感情はそれがだれであっても許されるものですが、孔子さまの教えの「己の欲せざるところ」から学び、あからさまに悪感情を表情に表すことなきマナー人であられることが賢明かと存じます。

人は見た目が9割といいますが、誤解すべきでないことは、彼女（彼）たちは変態でも暴力的存在でもないということです。私は職業柄これまで「女装」の性癖の人たちと多く接してきましたが、それらの人たちは好きになって愛したのが同性の男性だったに過ぎない、だれかを傷つけたりモノを盗んだり人をだましたりしたわけではない、普通の人と同じ平和主義者であるということです。

ただ、容姿がだれからも好かれる「はるな愛」さまのような美形に恵まれず、時として大相撲の関取衆のような、お化粧には不釣り合いな外見のギャップをお持ちなだけなのです。

私たちは今日、人間の性愛の世界は男色のみならず、万華鏡のように極彩色に彩られていることを知っています。とくに最近ではエルトン・ジョンやアップルのCEO、ティム・クックのカミングアウト、マツコ・デラックスさまやIKKOさまの活躍で社会の差別意識が緩和される傾向にありますが、歴史をひもとけば、信長と森蘭丸の恋物語に見られるがごとく「男色」は奇異なことではありませんでした。

江戸時代の資料では全国243大名のうち「男色系37人」の記述が

英雄色を好むといいますが、その性愛の矛先が同性の男に向けられることもしばしばだったのです。元禄時代に幕府が作成した「性生活調べ」というべき史料の中には全国243大名のうち「男色系37人」と記されているほどです。それまで庶民の間でも一般的だった「男色」が倫理、道徳にもとるものとして忌避されるようになったのは明治に入り広く流布されたキリスト教がもたらした「純潔」や「愛」の概念によるものです。よって私たちが心得ておくべきことは、歴史に永久にあてはまるモラルの物差しはないということです。

自分と異なった生き方をしている人間がこの世にいないなどとはありえません。そのありえないことを求めるのは厚かましい人間だけです。野や山にはさまざまな木や花や生き物が息づいていてこその「生きる豊かさ」、なのでございます。

コラム

① 男と女のセックスとは

女性のセックスについてこう思っています。

エクスタシーは60兆の細胞が活性化した喜びのほとばしりですが、永遠ではありません。もし、永遠に続くのならばそれは喜びでも何でもなくなってしまいます。有限の時間を無意識に感じ、いとおしさが生まれてくる。人生というサイクルの中で、この瞬間という時だからこそ喜びがあるのです。男のエクスタシーはその象徴ともいえるものです。

女性がセックスで「死ぬ、死ぬ」と101回言ってもまだ言い足りないくらい、何度も絶頂を迎えている。それを見て男は内心「ウソだろ」と思っていたりします。自身が感じる時間軸の世界とあまりにもかけ離れているからです。男にとってセックスにおける「死ぬ」は1回こっきりでせいぜい10秒です。たまった小便がチョロッと出る瞬間のようなものです。

それはオスの動物本能です。エクスタシーに身を任せ、弛緩したままグッタリしていては他の動物に襲われて食べつくされてしまいます。逆に言えば刹那だからこそ生きている意味を理解できるのです。喜びが有限であるとわかりながら奮闘する潔さ、生きることに対する見切りのよさが人間の身上です。「たとえ明日、地球が滅ぼうとも、今日私はリンゴの木を植える」はドイツの神学者ルターの言葉。日本でも侍が打ち首をされる前に柿を勧められて、「お腹をこわすかもしれないから」と断ったという逸話があります。こういう無常観に私はしびれてしまいます。

私が最初に無常観を伴った「こんなに幸せだったら死んでもいい」という気持ちになったのは中学1年の時。S子さんという同級生が私の初恋の人なのですが、私がどんなことを言っても笑い転げてくれるんです。薄らバカだった私に対して、向こうは学級委員長でとても頭がよくて美人。なぜか話が合って彼女と同じ場所にいるだけで、いつ死んでもいいと思えた（ちなみに、初体験は同級生の妹が相手でした）。

完全なプラトニックだったのですが、それから10年近くが経ってS子さんを見かけました。セールスマン時代、新宿で営業をしていると、彼女が向こうから歩いてきたのです。でも、私は意気地なしですぐに電柱の陰に隠れてしまった。あの時、もし声をかけていたら違う人生があったのかもしれないと思うと、今でも早漏のしくじりのような切なさがこみ上げてきます。

② 円満な性生活の秘訣

私なりの夫婦和合の秘訣があります。

一つはマッサージ。80年代後半、付き合っていた人気アイドルのAさんとフィリピンに行った時のことです。マニラで一番グレードの高いホテルのスイートルームを取り、マッサージを頼みました。来たのは現地の普通の青年。日頃の疲れを吹き飛ばそうとすっかりリラックスして身を任せていたら、直接触られているわけでもないのに、あそこがビンビンに。まさにツボにはまってメチャクチャうまい。その青年が「スペシャル？」と聞いてきました。思わずうなずいたらいきなりくわえられ、発射してしまいました。

フィリピンではこうしたサービスをする男性のマッサージ師が結構いるらしいんですが、それにしても不覚でした。隣の部屋で待っているAさんは当時、人気ナンバーワンのアイドル。これから折角、足の付け根からケムリが出るほどというつもりだったのに、弛緩して体が言うことを聞かない。それぐらい、その青年の施術は超抜のテクニックでした。

また、18年ほど前、女房ドノと行った山梨・清里の隠れ家で知られる温泉宿でも、スゴ技を経験しています。女房ドノがマッサージでも呼んだらというので頼んだら、来たのがゴルゴ13みたいな角刈りのオヤジ。上手そうには見えないんだけど、ツボを押されるたびにアソコがグイグイというようにもたげてきて、はち切れんばかりに。浴衣の股間の部分が見事に直立しています。

女房ドノはゴルゴ13のテクにのたうち回る私を、死んでくださいとばかりのさげすむような目で見ていました。それにしてもあのゴルゴ13、ひょっとしたら懲役で磨いたテクを、お尋ね者になった身で、あの隠れ家で食い扶持の糧としていたのではないでしょうか。

もちろんマッサージは男性だけでなく、女性にも大いに効き目があります。本やインターネットで探せば性感のツボについて書かれたページがいくらでもあります。それを覚えて実践すれば、奥さまのアソコがシトド濡れるのは確実。まずは「同僚から疲れが取れて肌がスベスベになるツボを教えてもらった」とでも言ってマッサージに誘導。性感のツボを押して息が荒くなってきたのを見計らい、合体に持ち込むのです。ただ1年近くイタしていない状況となると、あなたの体力が持つかどうかも心配です。秘伝の自家製精力剤もお教えしておきましょう。それは酢ニンニク。2週間ほど酢にニンニクを漬けておくだけです。ニンニクは国産の高級品を使う必要はなく安い中国産で十分。これを1粒、朝食時に食べて、臭い消しに牛乳も飲んでおきます。

さすればいつ奥さまに臨んでも、お役目中は三角定規を維持して途中でフニャッとなる心配はありません。セックスだけでなく風邪にも効果的ですのでぜひ試してください。

第2章 お待たせいたしました！ 会社の悩みにお答えいたします

結論

感謝してもらいたい心が禍を招くのです 死後、墓に花を手向けてくれる人の存在が生きた証しです

A お国や会社のために長き中国でのお勤めを終えられ、晴れて凱旋帰国のお立場でございましたのに、折からのコロナ禍のせいで、散々な目に遭われているご様子、お気の毒でございます。

幸いなのは業病にとりつかれたわけでもなく、至って健康であられることです。

会社に戻ってもしかるべき席が用意されていなかったことにご不満を持たれておられますが、今さ

お題 帰国したら家庭にも会社にも居場所がない

相談⑪

Q 中国に進出した会社の現地の責任者でしたがコロナ騒動で帰国。すると、会社には私の席はなく当然、仕事もありません。少しゆっくりするかと気持ちを切り替えましたが、ショックだったのは家の様変わり。寝室のベッドに横たわる猫は、私に「だれ？」という顔をしてシャーッと怒っている。ああ、ここにも自分の居場所がないのかと寂しくなりました。

（会社員・61歳）

ら見え透いたお世辞やへつらいで心動かされるお年でもございませんでしょう。

逆にせっかく日本に戻ってきてひと安心というのに、あなたさまがいなければ会社は回らないような事態となっていては寿命が縮むというものです。いずれ中国でのあなたさまの経験をご披露なされ、会社のお役に立つ機会はきっと訪れるものと考えます。それまでの間、気長に構えられ、ここは心と体のオーバーホールタイムと受け止められ、ゆっくりとリフレッシュの刻をお過ごしくださいませ。

ご家庭においても、飼い猫にさえ居場所を奪われたような喪失感を覚えておられるのですが、これとて考えようです。家族や飼い猫があなたさまがいなければ夜も昼も明けないようでは困ったものです。

大黒柱はどこの家庭においても空気のようなもので、この世から消えてしまって初めてその存在の偉大さ、ありがたさがわかるのです。

親切にしてやった、面倒をみてやったと思う心が怒りのもとに

感謝をしてもらおうとする心が禍を招きます。あんなに親切にしてやったのに、面倒みてやったのにと思う心がアダとなり、「恩知らず」の怒りのもととなるのです。他人であれ身内であれ、飼い猫であれ、あなたさまの献身をありがたく思われるのは空気と

同じく、この世からいなくなった時との諦観こそが心を穏やかにしてくれます。

以前住んでいたマンションの近くにお寺があり、そのお寺の敷地に墓地があり、大小200ほどの墓石が林立していて、8階の部屋からその墓地を見るのが日常でしたが、月命日と思われる毎月決まった日に墓地を訪れる母娘の姿がありました。母親と思われる白髪の老婆とその娘とおぼしき40代の品のよい雰囲気の女性の2人連れの拝む墓は周囲の立派なそれと比べて、つつましいものでした。が、毎月欠くことなく決まった日に線香がたかれ、季節の花々が飾られている墓は、その母娘が手を合わせる小さな墓でした。生前、栄耀栄華を極めたであろう大物が眠る、辺りを払うほどの立派な墓石でも、訪れる人とてだれもいない墓もありました。

「人間の価値は棺を覆った後に定まる」との言葉を胸に刻んだ記憶です。私たち人間の「この世に生きてよかった」の満足は死後、墓に花を手向けてくれる人の存在にあります。儚い人生の現世に愛したことへの配当を求めることのない生き方はそれ故に尊いのでございます。

結論
能力もない上司という種族は非常識かつ自己中心的
絶望は愚か者の結論
大切なのは女房子供を飢え死にさせないこと

A

人生は理不尽さに満ちあふれています。最近ではコロナ騒動の余波を受けて、突然解雇されるという「パワハラ」の憂き目に遭ったタクシー会社の600人の運転手さまもシミジミと人生の波瀾万丈を噛みしめられておられることでしょう。

あなたさまの上司のパワハラを受けて転職後の10万円の収入ダウンもまた、一寸先は闇の不確かな人生の象徴のように感じられます。が、「絶望は愚か者の結論」と申

お題 **上司のパワハラで人生が狂った**

相談⑫

Q

上司のパワハラで退職し、小さな会社に転職しました。給料は10万円ダウンの35万円。共働きなので、家計収入は50万円になりますが、昨年まで元妻との間にできた子供2人の養育費が計16万円。それがなくなって経済的には余裕ができましたが、昔の同僚から話を聞くと、パワハラはさらに酷いとか。あんな人間がいつまでものさばっているのは腹立たしい限りです。（会社員・55歳）

します。いつまでもそのことを引きずっていては、せっかくの人生が台無しになりかねません。アクシデントといえども、命が奪われるような病気や事故に遭わないだけマシだった、との賢者のリカバリーショットを放たれて「ダブルボギー」とならぬよう心得てください。

思い出すたびにハラワタが煮えくりかえるような悔しさはよく理解できますが、しかし、人を呪わば穴二つといいます。たとえどんなに無念でも、許せないほどに呪われていても、ここはもらい事故に遭ったようなものだ、忘れようとの知恵と忍耐力を働かせていただきたいのです。

世の中の上司という種族はだいたいにおいて非常識で自己中心的で能力もないのに威張り散らすものと相場が決まっております。世のサラリーマンはそうした境遇の耐え難きを耐え、忍び難きを忍んで「勤め人」人生を送られています。世の亭主族にとっての役割は社会的貢献や周囲をアッと言わせるような発明やアイデアを成すことではありません。

あなたさまは我慢が足りません

一番大切なのは縁あって結ばれし奥方、神様から授かりし我が子を、何があっても飢え死にさせないことです。そのためには自分の意地やプライドなど犬に食わしてやるぐらいの捨て身の生き方をしてきました。

我が母の遺言は「人殺し以外のことはなんでもやって女房子供を食べさせろ」でございました。よって今日までエロ事師を貫いております。

恐縮ですが、あなたさまはガマンが足りませんでした。10万円のためなら上司のイボ痔のア○ルでもなめられる、そんな会社勤め人間の覚悟が不足していたと言わざるを得ません。知人の男は上司のご機嫌うかがいに「ドジョウすくい」を習い、取引先相手の宴会では素っ裸となりてその妙技を披露しました。

もうひとりの男は毎夕、上司の愛人が営む割烹料理店に顔を出し、板前の服に着替え、夜中まで奉公の歳月を送りました。後年、前者の男は大手出版社のナンバー2の地位まで上り詰め、後者はこれまた日本を代表する証券会社の専務の地位を獲得しています。

「一人の人間を変えることは至難の業」は奥方で学習済みです。

上司の非をあげつらうことはもうおやめになられ、己の弱さ故にもう二度と上司の夕ワゴトに癇癪を起こすことのなきよう、ご自重なされますよう、お願い申し上げます。

人生の幸福は不幸な目に遭わないことではなく逆境に打ち克つこと困難は愛おしい女性の「愛液」に比肩するものです

A

突然に親会社が会社を売却される憂き目に遭い、先行きはロクなことにならないと退職なされたこと、よく理解できます。が、いざ退職してみると自分が選んだ道とはいえ、果たしてこれでよかったのかとの不安に駆られることもまた当然なことです。これからどうなるのだろうと恐怖に襲われ、夜も眠れないとお苦しみ、お察しいたします。

が、賽は投げられたのです。あなたさまはルビコンの川を渡られ

お題 青天の霹靂。会社が突然売却されました

相談⑬

Q 今春、青天の霹靂の出来事が起きました。ベンチャー系企業の会社に勤めていたのですが、親会社によって突然、売却されてしまいました。50代になって、まさかわが身にこんなことが……。これから先の身の振り方を考え、悩みましたが、先行きはロクなことにならないと思い、退社を決意しました。この判断が正しかったのか。不安で夜も眠れません。

（管理職・50代）

ました。もう50歳を過ぎておられるのですから、若い頃のように過去のことを振り返って後悔しているようなアンニュイな時間はありません。会社にすべてを捧げてきたニッポンのサラリーマンのあなたさまが、その会社を自ら支えられたのはよほどのことがあったからではと推察いたしますが、いわば長い間愛し合っていた彼女に「もうこれ以上は付き合いきれない」と三くだり半を突き付けるのと同じようなことをなされたので

す。

にもかかわらず、いざとなったら「これからは自分一人で生きていくことが不安でならない」と未練がましいことを口にされておられます。別れた以上は腹をくくり、いつか相手に「もったいないことをした」とヨリを戻したいと請《こ》われるような人物になってやるとの意地を失って欲しくありません。いつまでもメソメソしていたら、やっぱりあんな軟弱な男に去ってもらってよかったとあざ笑われるのがオチです。

失ったものを数えるな。残ったものを最大限に生かせ！

職を失ったことで不安に駆られ、ただ怯えているだけが人生じゃありません。東京オリ・パラに参加する選手のメッセージに「失ったものを数えるな、残ったものを最大限に生かせ」とあります。人生100年の時代の50歳代のあなたさまの人生はこれからなのです。これからはじまる「男の花道タイム」を飾る人生が面白いし、楽しいのです。

捨てる神あれば拾う神ありと申します。世の中にはあなたさまのキャリアと能力を欲しがっている企業が必ず存在します。ツテを頼ったり求人サイトを訪ねたり、果敢に求職活動に挑戦し求められれば、多少の不満はあってもありがたく「感謝」の心でまずは門をくぐられ、試してみてください。郷に入れば郷に従えでいけば、意外と自分に合う仕事との出会いがあるかもしれません。

これから先の後半生の人生で、どんなアクシデントが待ち受けているかわかりませんが、そのたびに嘆き悲しんでいては身を滅ぼします。

私たちの人生の幸福は、不幸な目に遭わないことではなく、どんな逆境に襲われようとも、今に見ていろと何度でも起き上がる、起き上がり小法師のようなめげない心を持つことです。すべての苦労は糧になると考えれば、困難など愛おしい女性の「愛液」に比肩するものとなるのです。

沈みかけている会社に残っても明るい未来はありません 55歳はまだ若竹 72歳のエロ事師はパンツ一丁で飛び回る日々です

A　倒産ではなく、幸か不幸か退職勧奨でいささかの退職金にありつくことができたのは何よりでございます。悔しい思いでおられるでしょうが、このまま沈みかけている会社に残っていても明るい未来はありません。

　もはや虫の息の会社が沈没する前に敵前逃亡の汚名を着せられることなく、縁を切れてよかったと祝福されてしかるべきです。近頃ではキャリアアップをはかるために二度、三度と転職を繰り返すケ

お題 **早期退職を迫られ、怒りが収まらない**

相談⑭

Q

勤務先で早期希望退職者の募集が行われました。会社の業績を伸ばし、貢献してきたつもりだったので、当然残るものと思っていました。ところが、上司から呼びだされ、退職を求められました、話なんか聞く気はなく、その場で辞めることを決心。ひどい会社だ、こんな会社にいてやるかという気持ちです。今後の不安はありますが、怒りは収まりません。

（会社員・55歳）

ースが少なくありません。終身雇用制度に馴染んだあなたさまから見れば理解し難いことでしょうが、自分の能力をより高く買ってくれる企業に就職することは合理的思考です。

私たちの評価は自分自身がどう思うかで定まるものではありません。社会や企業がその有用性をどのように認めるかで、あなたさまが何者であるか、その価値が決まるのです。よく、自分探しの旅に地球の裏側まで出たり、万巻の書籍に囲まれ読書に没頭し沈思黙考を重ね「自分はいかなる人間であるかを模索する」人間がいますが、お気の毒ですが、そうしたことをいくら続けても答えを見つけることはできません。

あなたが何者であるかは他人、社会、会社が決めること

重ねて申し上げますが、あなたさまが何者であるかはあなたさま自身が決めることではなく、他人が、社会が、企業が決めることなのです。そうした意味から今回の退職はこの世に山ほど存在している「自分の能力をより認めてくれる企業」と出会う絶好のチャンス到来と捉えるべきです。

あなたさまは私より17歳も若い、若竹です。もし私がもう一度55歳のあの若き日に戻れたら、世間を向こうに回し、孫正義さまのように「5兆、6兆の儲けなど何ほどのも

のではない、私は10兆円程度で満足する男ではありません」とタンカを切れる仕事を成してみたいものよ、とワクワクします。

自分の限界はいつだって自分が決める限界です。カーネル・サンダースが一人息子を失い、店も火事で喪失し、丸裸となって圧力鍋一つを車に乗せて旅に出たのは60歳を過ぎてからでした。74歳の西郷輝彦さまは前立腺がんの第4期にめげることなく、「この勝負に勝ってやる」と豪州へ治療に旅立たれています。加山雄三さまは83歳で大病を克服し、現役でステージに立っています。

私とて72歳となった今でもパンツ一丁でカメラを担ぎ飛び回る日々でございます。愛する家族や周囲の人たちはあなたさまがこれからどう生きていくのだろうかと注目しています。新しい企業での面接の際は笑顔を忘れないでください。「その境遇で胆力がある」と、年齢はハンディではなく、武器であることを印象付けることになります。

復讐とは、ふてくされて自滅することではなく、心機一転、あなたさまを軽く見ていた人間たちが逆立ちしても手の届かない人物になることです。

不倫が大手を振って歩くようでは、あなたさまもオチオチ愛する人を放任できないAV観賞でとどめおくのが身のためかと

A

私は人の倫理と程遠いところにいるエロ事師です。そうした立場の人間が他人さまの「不倫」について四の五の申し上げる何ほどのものも持ち合わせておりませんが、これだけは言えます。エロ事師であればこそ人一倍、社会の常識や規範を大切に考えていることを。何となれば私は世間の皆さまからは「変質者」あるいは「変態」とのレッテルを貼られてございます。

が、やっていることはだれでも

お題 会社の先輩が不倫で解雇された

相談⑮

Q 会社の先輩が取引先の女性と不倫していることがバレて、いきなり解雇されました。会社の経費でその女性と飲食していたこともわかったそうです。新人時代から何度もごちそうしてくれた面倒見のいい人でした。まさか不倫でクビとは。他にも何かあったという話もあり、詳しくわかりませんが、クビになるようなことでしょうか。お金のことは問題ですが。

（30代・会社員）

日常的に行っているSEXでございます。いわば納豆や塩辛や魚を生でサシミにして食べるといった、日本人ならだれでもやれる、やっていることをお見せしているだけの話でございます。マナコでエンドウ豆を噛んだり、屁で字を書いてご覧いただいているワケでもない、当たり前のことをご披露しているエロ事師にとって大事なのは、世の中が道徳的であり、健全であるということです。

エロ事師にとって大事なのは世の中が道徳的で健全なこと

社会が常識的で豊かであることが担保されているからこそ、ＳＥＸをご開帳する価値の紊乱者「人でなし」のエロ事師の職業が成り立っているのでございます。いわばそうしたキワモノ人種であるエロ事師は、よって立つところの「常識がまかり通る社会」を世の中のどちらさまより大切に考えております。

そうした意味からあなたさまの「面倒見のいい先輩」の不倫には同意できません。それを認めることはマナーを守らない人間のすむ社会を容認するということだからです。

マナーとは相手に不快感を持たせることがない節度ですが、何もそれは相手に対しての礼儀だからではありません。相手を傷つけない、不快に思わせないという配慮は自分を守るためのものでもあります。第一、世の中の不倫が大手を振って歩くようになっていてはあなたさまもオチオチ愛する人を放任しておくわけにはいかず、いつも疑心暗鬼に絡めとられ、心が疲弊する日々を送るようになりかねないのではありませんか。よって取引先の女性と不倫をしている社員の存在が明らかになった以上、会社が解雇するのはやむを得ない判断であったと考えます。

あまつさえ経費をごまかし、不倫相手の女性との飲食代に流用していたとあっては言語道断でございます。人が本当にえらく感心することは2つしかない、「勇気と気前のよさ」であるといいます。これまで気前よく新人時代から何度もごちそうしてくれた先輩に心を寄せるあなたさまのお気持ちはよく理解できますが、不倫相手との飲食代に会社の金を使い込んでいた事実を知った今では色あせて見えてきます。

不倫は羨望のまなざしで見られる昨今ですが、バレたら最後、人生は目も当てられないような波瀾万丈となります。頭がおかしくない限り「勇気」を振り絞り、せいぜいAV観賞でとどめておくのが身のためでございます。

結論

闇夜で辻強盗のごとくの仕打ちは日常のこと。つねに「バカで結構、愚かで上等」の心意気でございます

A

彼女はきっと感受性が豊かでおられるのでしょう。こうした女性は手かざししただけで「私に催眠術をかけ、思うままにしようとした」などと言い出しかねないものです。

会社経営者の知人男性は、友人の娘を自分の会社に事務員として雇ったことがありました。親友の娘ということで、なにくれとなく面倒を見ることを心掛けました。

たとえば残業で遅くなった時には食事をごちそうし、家まで車で

お題 女子社員の態度の急変に困惑している

相談⑯

Q 社内の女子社員。30歳くらい年下ですが、食事に行ったり、ライブに行ったりしていました。ところが、私がアクセサリーをプレゼントしたら、急に態度が豹変。それ以降、誘いに応じなくなっただけではなく、人事担当者に「困っている」と相談。無理に誘ったことはありません。女子社員の考えがわかりません。（56歳・会社員）

送るといった気遣いです。ところが、この娘、3カ月ほどもしないうちに会社での勤務が合わないからと、体調不良を訴え、心療内科に通うことになったのです。それから3カ月後、「これ以上は勤めることはできない」と会社を辞めました。

知人の男は「他の女子社員以上に気を配っていたのに、どうして?」と、納得がいきませんでした。娘が辞めてから1カ月ほどして、娘の父親である友人の男が会社を訪ねて来ました。「娘はいつホテルに誘われるかとドキドキして悩んでいた」と会社を辞めた理由を訴えたのです。男は友人の娘だからと親切心を働かせたことがアダとなり、「人の優しさを恨みで返すとは」との喪失感にとらわれました。

しかし、こうした闇夜で辻強盗に遭ったごとくの、信じられないような仕打ちは私のような人気稼業のエロ事師からすれば日常のことです。

態度が豹変したり、「困っている」と人事に相談されても腹を立てない

今度こそは必ずファンのみなさまに評価をしてもらえると意気込んで、億の金をかけて制作した作品がサッパリ見向きもされぬどころか、社会悪とまでの罵りを受けることはそう珍しいことではありません。

元来あてにならない他人の評価に頼り、大金をつぎこむなど愚の骨頂、そんな金があ

ればマンションやビルに投資をして数年もしないうちに一財産築けるものを、「バカみたいだ」と知人の不動産業者はあざ笑うのです。が、土地や田んぼや山よりも、たった1枚のＤＶＤに価値があると信じて、命をかけられる制作者がいて文化が育ち、世の人の心が潤うのです。「バカで結構、愚かで上等」の心意気でございます。

私のようなエロ事師稼業はいうに及ばず、何ごとにおいても間違った評価をされるのは普通のことで、腹を立てるには及びません。ゆえに、くだんの社内の女子社員のみならず、他人の自分への評価の期待は裏切られることばかりだとお考えになられるのが正しいのです。

そうした他人の評価の不確かさを心に銘記できれば、本当は嫌われているにもかかわらず、年上の上司の課長、部長というだけで好かれているとの錯覚に陥り、安心して自己満足にひたる「愚か者」であることから免れることができるのでございます。

たとえ憎からぬ女子社員との関係でも「君子の交わりは淡きこと水のごとし」を貫かれるのがよろしいかと存じます。

結論

あなたさまのご主人は銀行の強盗犯に見えます やがては1000倍返しで自分に跳ね返り傷つくことになります

A 人を呪わば穴二つ、といいます。ご主人がどういう了見であなたさまの元上司の悪口を言いふらし、足を引っ張るようなことをしているのか不明ですが、結果はロクなことになりません。人の不幸の上に立つ幸せはないと言います。そうしたことにご主人がとらわれていたらやがてとんだシッペ返しを食らい、味わわなくてもいい辛酸をなめることになるのです。

以前、警察の留置場でお世話に

お題 夫が元上司に嫌がらせするのをやめさせたい

相談⑰

Q 夫と同じ職場で働いています。悩みは夫と私の元上司のことです。私は元上司にはとてもお世話になりました。元上司は夫とも一緒に仕事をしていますが、そりが合わないのか、元上司の悪口を言いふらすばかりか、足を引っ張るようなこともしているようです。夫としてはいいのですが、人としてどうかと思います。嫌がらせをやめさせる方法はないでしょうか。 （40代・管理職）

なっていた折に、銀行強盗未遂犯の男と同房になったことがあります。男はただの銀行強盗未遂犯ではなく、別に傷害の罪にも問われていました。

強盗傷害といえば重い罪です。なぜ、そんな重罪を犯したのかと男に尋ねると、「まさか銀行の警備員が自分に捨て身で立ち向かってくるとは思わなかった」というのです。未遂犯の男の頭の中では凶器として持参していた日本刀を振りかざせば、命大事と警備員は怯えておとなしく言うことを聞くと思っていたのでした。

ところが、その元警察官の老警備員は勇敢でした。日本刀に臆することなく素手で立ち向かってきたのです。銀行強盗をもくろんでいた男にとっては計算外のことでした。

まさか日本刀などものともせずに老いた警備員が戦いを挑んでくるとは思いもよらなかったのでした。警備員と格闘となり、駆けつけてきた警察官によって男はたちまちのうちに御用となったのです。

想像力の欠如が問題。元上司をなめてはいけない

男の失敗は想像力の欠如にありました。日本刀を振り回せば首尾よくことが運ぶと思い込んでいたことが間違いだったのです。万が一、反抗されたらどうするかについての対策がないままに大それた銀行強盗をはたらいた自業自得のお縄頂戴でした。

弁護士から未遂ながら警備員に負傷させた罪は重く、懲役は相当に長いものになるから覚悟するようにと引導を渡された男の落胆ぶりは尋常ではありませんでした。

あなたさまのご主人がこの銀行強盗傷害犯のように見えるのです。元上司に対する悪だくみの数々が露見した時のことについての想像力が欠如しています。自分に仕掛けられていた悪事を知った元上司はあなたさまのご主人を笑って許してくれるとは私には思えません。

このことをご主人に率直に申し上げ、元上司をなめてはいけない、今なら引き返せるから、もう無益な仕返しはやめるようにと言葉に出して説得なされてください。私たちは周囲の人間のみならず歴史上の人物を見ても理由はどうであれ、他人に嫌がらせをすれば、揚げ句、高い代償を払わされることを学んでいます。ご主人の本心に耳を傾けながら、倍返しでも１０００倍返しでもいいけれど、やがては自分に跳ね返り、復讐の喜びに身を任せても、結果傷つくのはご主人であることを、心から説いてあげていただきたく存じます。

自分をよく見せようという見栄がなく求められているのは愚鈍であること全身性感帯のあなたさまとは違うのです

A 役所の上役のノンビリとしている仕事ぶりを目撃なされ、この非常時に何という心得違いなのかとお腹立ちのご様子、お気持ちよく理解できます。あなたさまは60歳となられて、女盛りの今日も、赤い灯青い灯がきらめく夜の関ケ原で先頭に立ち、いまだ現役で「切った張ったの勝負」をなされているお立場でございます。

そんな特攻隊長のごときの日々を送るあなたさまから見れば、旧

お題 **イボイボ健康サンダルを履いた公務員に怒りが……**

相談⑱

Q 都内でミニクラブを細々とやっています。コロナで持続化給付金と東京都の協力金が振り込まれました。その給付金手続きも広告代理店の扱いとか。別件で区役所に出かけたら窓口の人は忙しそうでしたが、奥にいる偉い人は、みんなイボイボ健康サンダルを履いてのんびりムード。それでも給料もボーナスも変わらず。公務員制度をなんとかしないと日本はダメになると思います。(クラブ経営・60歳)

帝国陸軍のインパール作戦の指揮官のごとき公務員上司の鷹揚な仕事ぶりが、なんとも歯がゆく感じておられるのです。

労働者には2つのタイプの人間がいます。公務員のように、今日と明日の仕事が変わりなく、同じでなければ勤まらない人間と、あなたさまや私のように、今日と明日が判で押したように同じなら気が狂ってしまうタイプの人間です。

あなたさまが憤怒の気持ちを抱かれている公務員は受験競争の勝

ち組で、暗記や計算の成績で一生が決まってしまう学歴社会に生きている故、保守的です。公務員となったその日から、敷かれたレールの上を走り晴れて退職を迎え、年金生活を送る日を迎えるまで、ただひたすらにつつがなく歩むことだけを心掛けています。挑戦しないことがリスクであるあなたさまと違い、減点主義の社会に生きている彼らは、失敗しないことが重要なのです。慎重に間違わないことだけを考えて仕事をしています。スローモーションに見える仕事ぶりも、正確を期すことから生まれている動作なのです。

コアラのように日がな一日木にぶら下がっている種族

マグロのようにつねに全力で泳がなければ死んでしまうあなたさまと違い、コアラのごとくに日がな一日ノンビリと木にぶらさがっていなければ命をたもつことができない種族です。同じ生物でも棲んでいる分野が違います。

この生物界には空高く舞い上がり飛ぶ鳥もいれば、海中深く沈んで息を潜めるように生きている深海魚もいます。それぞれの立場で相手を見れば、なんとも面妖な存在に見えるのでございますが、そうした多様性に彩られているから世の中は面白いのです。

公務員には私たちのような成果主義に生きる人間と違い、実態以上に自分をよく見せようという見栄がありません。マイペースで与えられた仕事を着実にこなすことだけを求められていて、全身性感帯のようなあなたさまと違い、世の中の事象に一喜一憂する感性を持ち合わせていないのです。だからこそ、世の中がいくら大変な事態になっていても冷静に社会のインフラを保つ役割を果たせています。愚鈍であることは、公務員に求められている適性です。

悪口の感情の底には嫉妬があります。自由業の人間はやっただけの報酬を求めますが、公務員は身の丈以上の見返りを求めないと考えれば、心の健康を幾分取り戻すことができるのではないでしょうか。

定年退職後は嘱託でも何でも構いません 60歳でAVに挑戦した奥方もいます 無職となっては早漏のそしりを免れず

A

ねぎらいのお言葉をおかけすることにやぶさかではございませんが、しばし待たれよでございます。

いかに忌まわしい職場であっても、その自分が生きていた空間がなくなり、日常を失うことでの備えがあなたさまにできておられるかと、いささか心配です。私たちは人生とは何かを求める時に、古今東西の偉人碩学の書物をひもとけば、容易にその答えを学ぶ立場にあります。しかし、いくら沈思

お題 教育の現場はきつくてカオス、もう関わりたくない

相談⑲

Q 教員生活38年、3月に定年退職します。再任用で働くこともできますが、その気はありません。教育の現場はカオスで悲惨です。我が子を虐待する親とは諭してもまったく話がかみ合わず、いつどんな事件が起きるかわかりません。年金がもらえるのは64歳からですが、もう学校には関わりたくないのが本音です。退職金は2000万円くらいです。

（定年間近の校長・60歳）

黙考を重ねて、自分という人間の本性を探しても、容易に何者であるかの答えを見い出すことはできません。

人間は社会的生きモノです。他人にどう評価されるかで、自分は何ものかを規定するのです。いわば人間社会の荒海にこぎ出て、いくつもの大波をかぶり、涙と汗とともにようやく本当の自分という灯台にたどり着けるということです。

年金暮らしをしながら庭イジリや孫の世話など埒外

よって軽々に人生の荒海での航海を忌避し、船底にこもって漫然と過ごすなどとはもってのほか、「自分の灯台」にたどり着くことなどできません。私の生まれた１９４８年ごろの日本人の平均寿命は約50歳でした。が、今日では寿命１００年の高齢化時代を迎えています。まだその若き身空で早々とリタイアし、年金暮らしをしながら石磨き、庭イジリや孫の世話にウツツを抜かそうなどとは埒外《らちがい》のことです。

退職金は２０００万円とのことですが、老後を楽しく豊かにするのは「お金」次第でございます。お金のない老後は首のないのと同じです。嘱託でもなんでも構いません。年金をもらえるまであと4年といわず、退職金を上積みするような気持ちで、元気なうちは働き続けられることをお考えください。

知人の男の奥方が先頃60歳にしてＡＶに初挑戦しました。相手役は黒人男性２人で、極太極長を両穴にたまわり凄艶な3Pを繰り広げたのです。

AVに出演したのは年金暮らしとなった夫が朝から晩まで背後霊のように後ろをつけ回してくることにホトホト嫌気が差したからでした。奥方にはご亭主に内緒で貯めた相当のへソクリがあり、裕福だった両親が残してくれた十分な遺産も相続していました。無職となって四六時中つきまとう亭主に辟易し、三くだり半を突き付けるにはAV出演しかないとの苦渋の選択だったのです。

ところが、AVの作品の中で狂喜乱舞している古女房を見た知人の男は奥方に惚れ直し、「別れるなら死ぬ」の大騒動を引き起こしたのでございます。これも「亭主元気で留守がいい」に思い至らなかった知人の男が自ら招いた自業自得の厄災でした。

あなたさまに求められているのは生涯現役の心意気、そのよわいで無職となっては早漏のそしりは免れませぬ。

コラム

③ リストラをどう考えるか

サラリーマンにとって一番辛いのはリストラでしょう。上司、会社の評価を気にしている人も多いはずです。

客観的なことなどこの世にひとつもないというのが私の考えです。例えば、コップに水が5分の1しか残っていないと思うか、それとも5分の1も残っていると思うか。それによって見える風景もまったく変わってくるのです。世の中の大半のことはどうあるかではなく、どう思うか、あなたさまの主観で決まるのです。

言いたいのはいたずらに悩むのではなく、次のステップをお考えくださいということ。評価や年齢など気にする必要はありません。情熱さえあれば、たとえ60歳を過ぎてもチャレンジの機会はいくらでもあるのです。

ココ・シャネルがファッション界に復帰を果たしたのは70歳を過ぎてから。不遇の時代が長かったやなせたかしさまがアンパンマンで大成功を収めるのは69歳です。不安に揺れるお心も理解できますが、一度キリの人生、仕事でなくてもかまわないから、このために生きてきたと確信を持てるものを探し求めてください。

④ 団塊の世代と死

私は1948年、昭和23年生まれの第1次ベビーブームに産み落とされた団塊の世代です。

人生も後半に差しかかってくると、周囲の人間の死に遭遇する場面が増えてきます。6年前、三十数年来の友を失いました。付き合いは百科事典のセールスをやっていた時から、以降、いろいろと私を支えてくれた無二の親友です。亡くなる2年前に脳梗塞で倒れ、入院していた病院でそのまま逝ってしまいました。

身近な人が亡くなるとどうしても自身の死も意識せざるを得なくなります。フランスのラ・ロシュフーコーという文学者の「太陽と死は直視できない」という言葉があります。太陽を直視したら目を痛めてしまう。同様に自分の死も直接は見ることができないという意味です。見えないからおびえたり、死に対して構えたりする。

私は、人間は不死身だと思っております。実は40過ぎまで死の恐怖にさいなまれていました。中学1年の時、同級生たちがだれかの死について話しているのを聞いて、急に恐ろしくなってきたんです。オヤジやオフクロが死んじゃう。オレも死んじゃう。そしてこの世からいなくなってしまうんだと思うと体がブルブルと震えだしました。以来、明かりをつけたままでないと寝られなくなってしまい、それが大人になっても直らなかったのです。

それから30年近くも続いた死の恐怖を私はどうやって克服できたのか。ある本との出会いでした。ギリシャのエピクロスという哲学者の本をたまたま手にして、死をいたずらに怖がることの無知を知ったのです。

「かつて人類の歴史の中で自分の死を見た者は一人もいない。見ることができないものは、ないのと同じだ。ないものにおびえたり苦しんだりしていること自体、愚かである」というエピクロスの言葉に触れたとたん、私は雷に打たれたようにハッと気がついたんです。つまり人間は死なないと。これまであまりに死にとらわれすぎてきた自分は何だったのか。考える知恵も必要ですが、それ以上に、時には〝考えない力〟を発揮することも大事だと知ったのです。

第3章

お待たせいたしました!
家族の悩みにお答えいたします

結論

亡くなった母親の衝撃の告白はもはや確かめようがない過去に文句をつけてもSEXと同じで役に立ちません

A

亡きお母さまの「おまえはお父さんの子じゃない」のお言葉は衝撃的なものであったことは理解はできます。が、この世にもはやお母さまは存在していない以上、その真実は確かめようもありません。確かめようもないことをイチイチ気にしていては体がもちません。また人生において終わってしまった過去に文句をつけてもＳＥＸと同じで何の役にも立たないのです。

ＮＨＫ大河ドラマで明智光秀の

相談20

＼お題／

おまえはお父さんの子じゃないと言われた

Q 父親が他界した後、母親が亡くなる前に衝撃的なことを打ち明けられました。両親はかなり前に離婚していますが、「おまえはお父さんの子じゃない」と。茫然自失でした。母親は誰が父親か言わずに亡くなりました。本当なのか、混乱していただけなのか。母親にはお墓まで持って行って欲しかった。頭の中で整理がつきません。 （50歳・会社員）

謀反劇が描かれました。クライマックスの本能寺で光秀の奇襲を知った信長は慌てふためく周囲の者を前に「是非に及ばず」の言葉を放ち、自らの首をはねさせ、従容として黄泉の国に旅立ったといいます。

かくのごとき「ことにおいて後悔せず」の潔い生き方は私たちに「どんなことでも運命として受け入れることの大切さ」を教えてくれています。

「我が身にふりかかることのすべ

てを後悔せず」の心構えは恋愛やSEXのみならず、人生の艱難辛苦《かんなんしんく》の局面において求められているものです。「覆水盆に返らず」、もしあなたさまが何かの機会に実の父親ではないという真実を知ったとして、どうなされるというのでしょうか。亡き父親との間で築いてきた父と息子の情愛、思い出、絆のそれらがすべて無になるとでも申されるのでしょうか。

血はつながっていなくても「尊敬する人」として父親の名前を

あなたさまのお便りを拝読し、「もし自分と父親が血のつながっていない関係だったら」と考えてみました。父親は出征した中国大陸から復員し、焼け野原の日本で傘直しの行商人として一生懸命に働き、姉2人と母親と私との5人家族をその日暮らしの極貧生活ながら必死に守り、養ってくれました。たとえその父と血がつながっていなかったとしても「尊敬する人」の第一に、この世に私を送り出し、自らを犠牲にし、家族の幸福を優先して働き続けてくれた父親の名前を躊躇なく挙げることができます。

もはやあなたさまの父親も存在していない以上、「父親が本当は誰であったか」の詮索に何の意味があるのでしょう。

自分の過去の真実を知れば、あなたさまに幸福が訪れるとでもいうのでしょうか。あなたさまにはやらなければならないことがあります。いつの日か天に召されて、あの世で父親と再会を果たせたときに「いい人生でした、ありがとうございます」と晴れてお礼の言葉を申し上げることができるよう、残された人生の日々を精いっぱいに生きていくことです。

親は天から、我が子が人生のどんな時にあっても、笑顔がその顔から消えることのない日々を生きて欲しいと願っています。ご両親は故人となっても死んではおらず、コロナ禍の困難な今日を生きるあなたさまを、海より深く天より高いその愛で包み、元気いっぱいに共に生きているのでございます。

結論

かって私は女房ドノを
「嘘つき」呼ばわりし
土下座して許しを請《こ》いました
すぐに50万円を
差し出して詫びを

A コロナ禍で天から降ってわいたような特別定額給付金の行方をめぐり、いさかいを起こしているのはあなたさまの家庭だけではありません。少なからずの日本の家庭で繰り広げられている光景です。が、まだわかっていらっしゃらないようですが、世の亭主族は女房ドノには勝てない宿命を生きています。日本女性の寿命は男性と比べて平均で6歳長いのです。この「6歳寿命が長い」という事実は、どう転んでも

相談21

＼お題／

特別定額給付金を巡って夫婦喧嘩

Q 久々に女房と大喧嘩。原因は些細なことです。長男の保護者会のことや私に振り込まれた特別定額給付金50万円の話が引き金になり、何が癇に障ったのかコップを投げつけてきました。私もカッときてテーブルの上のチラシを叩きつけたら、それが女房に当たり「暴力を振るった」と大騒ぎ。離婚したいくらいですが、離婚もみっともないし……。

（都内在住・50歳）

亭主は女房には勝てない致命的なものです。

なのに、給付金の50万円ごときで女房ドノのご機嫌を損ねたら、いずれあなたさまはこの世に存在しなかったことにされましょう。

「オレは昭和の男、亭主関白は当たり前」と気取っていた男がいました。突然、交通事故で男が亡くなると、未亡人となった奥方はお通夜も葬式も出しませんでした。親類縁者の「せめて内輪だけでも」にも、「主人の遺言です」と耳を貸すことがなかったのです。

遺骨は生前建てた立派な墓に納骨されることもなく、未亡人は「主人は散骨を望んでいましたので海にまいた」というのです。周囲はいくらなんでもと疑念を持ちましたが、「主人の遺志です」と言い張る未亡人にどこの海かを尋ねてもせんないものと諦め、話はそこで終わりになりました。

死んで奥方に仕返しされ、お通夜も葬式もお墓もない男

未亡人はその後、少なからずの遺産と巨額の保険金を手にして、東南アジアのリゾート生活を満喫しています。彼女をバリの海岸で見かけたという共通の知人によれば、下町の熟女バーママ風の濃い化粧を施し、派手な衣装と金ピカの装飾品を身に着けた未亡人が、3人の頑強なビーチボーイを引き連れ、ことのほかご満悦な表情で砂浜を闊歩し

ていたというのです。寿命が短いということは、死後、一歩間違ったらかくのごとき仕打ちを受け入れなければならないということです。

私はある時、我が女房ドノを「嘘つき」と難詰しました。迂闊《うかつ》でした。女房ドノの形相は一瞬にして鬼のようになったのです。「私が嘘つきならアンタは何なのよ、前科は数えるほどと言っていながら7犯もあったじゃないの。借金も少しだなんて嘘をついて50億もあったクセに！　福島の実家に家があるというから行ったら掘っ立て小屋だったじゃないの。中には出さないと言って、中出ししたのはドコのドチラさまなのよ」との反撃を受け、土下座をして許しを請うたことがありました。

以来、女房ドノには一言半句も反抗することなく、「カラスはピンクだよね」と問われれば、「ハイ、おっしゃる通り。目の玉までピンクでございます」と答える生き方に殉じています。今、あなたさまが心を砕かなければならないのは、この世に存在していなかったことにされないこと、です。

今すぐ50万円を女房ドノに差し出し、わびを入れてください。

結論

テレワークの悲劇です
あなたさまは空気と同じ
亡くなって初めて
ありがたさが
わかる存在なのです

A 随分と前から「顔を見られたくない」と、女房ドノに食卓の上にポットを置かれ、ソーシャルディスタンスの距離をとられている私ですが、あなたさまに期待されているのは「亭主元気で留守がいい」の生き方です。

朝から晩までもう何十年も働き続け、家はただ帰って寝るだけの空間でした。それがテレワークとなり、奥方や長女にとっては自分の居所を奪った「侵入者」との位置づけになるのは自然のことです。

相談 22

＼お題／

チャンネル争いで妻に殺意を感じた

Q テレワークになって、週1、2回の出勤以外は自宅です。夕飯時になるとテレビのチャンネル争いで妻と毎日ケンカです。妻はドラマやバラエティーが好き。私がニュースを見ようとすると、「家事は全部私。見たい番組くらい見させて」と、そこまで怒るかというくらいです。長女も妻の味方です。はっきり言って殺意を感じます。（会社員・53歳）

逆にあなたさまの会社に四六時中奥方や長女が現れ、つきまとわれることを想像すれば、「殺意を感じる」などとは短慮にすぎないことをご理解いただけましょう。

コロナは多くの家庭に波風を立てています。せんだっては「稼ぎが少ない」となじった女房ドノを殴り殺した亭主も出現しました。コロナのおかげで、それまでは姿を隠していた「家族愛の真実」があぶり出され、のっぴきならなくなったというケースが続出しているのです。

コロナは多くの家庭に波風を立て、のっぴきならないケース続出

ここは「俺をだれだと思っている」との三流ヤクザのごときタンカとはお別れなされて、産んでも産んでも卵を取り上げられてしまい、母となってヒナを育てることができない身の上でありながらも、なお産み続けて決して見返りを求めないニワトリの精神に倣っていただきたいのです。

家族は取引業者ではありません。「愛されたからその分を愛する」という打算とは無縁の存在です。それ故に、あなたさまは死んでしまったら自分は一銭も手にすることのできない生命保険に入り、毎月少なくない「掛け金」を歯を食いしばって払い続けてきたのではありませんか。

「医療従事者へ感謝を」とのテレビからの呼びかけに応えて、これまであなたさまには一度だって見せたことのない笑顔で拍手を送っている奥方と長女の様子を目撃しても「なぜ俺には……」と怒ってはいけません。

あなたさまは空気と同じ、家族にとっては亡くなって初めてそのありがたさがわかる存在なのです。お付き合いを始めた頃は「オナラの仕方がわからないの」と頬を赤く染めていたのに、結婚して長女が生まれてハーメルンの笛吹きのごとき轟音を響かせての奥方の放屁のお見舞いは、世の亭主族であれば誰しもの経験です。

下手なことを言うと逆上されて、味噌汁に鼻クソ、の仕打ちや、逝っても葬式を出されず、墓にも入れてもらえず、「これが故人の遺志でした」と近場の海に散骨されることになるのがオチです。家族の最高の笑顔は韓流アイドルに向けられるもので、亡き父親に向けられるのは遺影の写真にだけと相場は決まっています。

あなたさまが逝ったあとの桜の花びらが風に舞う季節、あなたさまのぬくもりが恋しいと奥方や長女が頬を濡らしてくれれば、それに優《まさ》るものはないのです。

結論

解決の方法は一つしかありません。「息子殺し」の当事者になりたくないなら首根っこを掴んででも家から引っ張り出しなさい

A

「いつまでもあると思うな親と金」の言葉は私たちの年代には骨身に染みるのですが、ご子息はまだそうした機会に恵まれていないようです。

だれしも若い頃は「産んでくれと頼んだ覚えはない」との罰当たりなことをホザいて親の涙腺を緩ませたのですが、因果は巡るということなのでしょう。私とてあなたさまと同じようにバカ息子を持つ身の親でございます。いくら「かわいい子には旅をさせよ」と

相談23

＼お題／

子供もいるのに引きこもる息子に困っている

Q 私の息子は今年38歳です。独身でしたらあまり文句は言いませんが、嫁と子供2人がいるのに息子は5年間もプータローです。家に引きこもったままで、本当に困っています。ぜいたくしなければ親の金で十分、生活できますが、どうにかして働かすことができないか本当に迷っています。ご教示お願いできれば幸いです。（68歳・パート社員）

いえども、我が子のことになりますと、すっかりバカ親となられているあなたさまの心の内はよく理解できます。

かなうことならいくらでもスネをかじらせてやりたいというのは親心でございましょう。が、パートで生計を支えられているあなたさまにはできない相談でございます。同じように親不孝な息子に悩まされていた知人の男の話をします。男は明治時代から続く造り酒屋の5代目でした。男には「大学は出たけれど」の放蕩息子がいました。息子は大学を卒業しても就職せずに趣味のサーフィンやスキーを生かせるスポーツショップを大型ショッピングモールの中にオープンさせたのです。

資金はかわいい息子のためにと、知人の男が出しました。が、本人は経営努力をすることなく夏は海に、冬は山にと遊び呆け、お店の経営はたちまち逼迫しました。

息子は資金繰りが苦しくなる都度、男のもとに来て金をねだり、夏のセールだ冬のイベントだと放蕩経営を続け、湯水のように金を使いました。

息子に金を貢いでいた知人の男の造り酒屋の経営にも支障をきたすようになったのですが、金の亡者になり果てた愚かな息子は「最後に残った家屋敷を生前贈与で自分に譲るように」と父親に迫ったのです。

そして事件が起きました。あろうことか首を縦に振らない実の父親を、金に狂った息子が包丁で刺し殺したのです。実際にあった悲惨な出来事です。私たちはこのことから「親から子への無償の愛」が時として大きな災いを引き起こすことを学びます。

「いつまでもあると思うな親と金」を思い知る機会に恵まれていない

幸いなのは息子を親殺しに走らせるほど、あなたさまには財産がないことです。でも、あなたさまは息子かわいさのあまりに面倒を見続けて「引きこもり」に追いやり、逆に息子殺しの罪を犯そうとなさっています。息子の自立を妨げ、社会的に抹殺しているのです。

おつらいでしょうが、解決の方法は一つです。息子を家から引っぱり出してください。嫁と孫の世話は別としても、「息子殺し」になりたくなければ、今後息子にビタ一文渡してはなりません。世間から見れば生きながらにして「親子心中」しているようなものなのです。

獅子は子を千尋の谷に突き落とす、といいますが、遅きに失した感があるといえども、今、求められているのは自分も一緒に落ちる覚悟でございます。

結論

私は他人に任せて行動して人生を台無しにした男をたくさん見てきました叔父への恨みにとらわれずに……

A

一代で相当の富を築いた知人の男が、詐欺師に狙われ、かなりの財産を失いました。男はだまされたことを知らぬ風を装い、4人組の詐欺師を自分の会社の事務所に招き、扉の内から鍵をかけ、「悪党には死んでもらう」と床にガソリンをまき、火をつけました。

事務所は丸焼けとなりましたが、幸か不幸か男と詐欺師たちは傷を負ったものの、無事でした。が、駆けつけた消防署員と警察官に、

相談24

＼お題／

親族に裏切られました 悔しくて仕方がない

Q 現在、パートで家族を養っています。会社を経営していた父は、20年ほど前に急死。私は当時、サラリーマンで会社は叔父が引き継ぎました。その際、私には「おまえがやれるようになるまで」と言っていたのに、叔父からは何の話もありません。このまま泣き寝入りかと思うと悔しくて仕方がありません。時々、会社に乗り込もうかと思います。（50歳）

知人の男は「放火」と「殺人未遂」の容疑で御用となったのです。

裁判で知人の男は懲役刑を食らいましたが、詐欺師たちは裁判で「重い罪を求めません」と証言することで示談を勝ち取りました。

もう一人の友人の男は悪徳リフォーム業者にだまされ、愛しい妻子とのついのすみかの改修費用の虎の子の1000万円をだまし取られ、呼び寄せたリフォーム業者と朝まで怒鳴り合いをした後、持病の糖尿病の数値が上がり突然死しました。

さらに、別のもう一人の知人の男は経営している会社の資金繰りに窮し、祖父に生前贈与を願い出ましたが断られ、殴り合いの喧嘩となり、重傷を負わせ病院送りにした後、それっきり消息を絶ち行方知れずとなりました。

“討ち入り”しても家族に幸せを届けることはできない

かくのごときに怒りにまかせて行動したために、人生を台無しにしてしまった男たちがいます。あなたさまの悔しいお気持ちはよく理解できます。が、だからといって今さら叔父のところに怒鳴り込んだとしても何になるでしょう。先方はこれまでの経緯を見ればあなたさまより役者が何枚も上で、話せばわかる相手ではないように考えます。

叔父との勝負はともにあの世に逝《い》った時、ご自分の父親の前でつければいいことです。

今一番心掛けるべきは、パートをしながら懸命に養われている家族の幸せを願うことです。大石内蔵助のような討ち入りをしても、家族に何一つ幸せを届けることはできないのです。

人生では死ぬことと裏切りはつきものです。裏切られるたびに「嫉妬と復讐」に狂い、不誠実な人間との勝負に体を張っていたのでは命はいくつあっても足りません。

叔父とのことはSEXと同じで、「いくら願っても授からないものは授からないのだ」と諦めてください。

今の元気なご自分自身を大切にして欲しいのです。気が付かなかったでしょうか、これまで、命取りになるようなほかの大きな厄災がかたわらを通り抜けていきました。無事息災、平凡であっても愛する家族とともに暮らしていること自体が素晴らしいのです。「貧乏」とはいつまでも満たされない物欲のことを言います。物欲に心を奪われれば、これからの人生ではあなたさまに休みさえ与えてくれなくなります。どうかもうこれ以上、叔父さまへの恨みにとらわれ、自分の心をいじめるのをおやめください。

結論

娘が3度離婚した知人がいます
悲惨なものです
あなたさまのお嬢様が
なんとすがすがしいことか

A 随分とお嬢さまの結婚や未来のことまでご心配のご様子ですが、せっかく69歳となられ年金生活に入られておられる身では、もうそろそろ子離れをなされ、ご自身のことだけにエネルギーを注がれてはいかがでしょう。

知り合いにあなたさまと同じように40歳を越えた娘さんがいる男がおりますが、あなたさまのお嬢さまとは反対に、結婚、離婚をこれまで3度繰り返し、父親の違っ

相談25

＼お題／

40歳過ぎても結婚しない一人娘が腹立たしい

Q 娘が一人います。会社勤めをしていますが、40歳も過ぎたのに一度も家を出たことがなく、未婚で恋人もいません。親元を離れず一生、生きていくのかと思うと、わが子とはいえ正直、腹立たしくなってきます。妻は「老後の面倒を見てもらうからいまのままで」などと言います。どう考えたらいいのでしょうか。

（年金生活の69歳）

た娘4人と息子1人の母親です。

彼女の最初の男は、大学を卒業して最初に勤めた銀行の上司でした。器量よしの彼女に、この上司がすぐに手を出し、妊娠させせました。

ところが、スケベ上司は妻子ある男でした。このことを知った私の知人は銀行に殴り込み、刃傷沙汰に及んだのです。結果、知人は逮捕、執行猶予となりました。

娘さんはこのことで銀行を辞めました。スケベ男は左遷されましたが、銀行を辞めずにすみ「責任をとる」と妻子と別れて知人の娘と結婚しました。

2人の娘を授かりましたが、スケベ上司の亭主の浮気癖はやまず、左遷先の女子行員に手を出したことが発覚して離婚となりました。

離婚後、彼女はスナックで働き常連客と恋仲となり、妊娠しました。相手の男と結婚し、これまた2人の娘を授かりました。が、この男は暴力団員で、抗争事件を起こし、懲役に……。またしても離婚となったのです。

子離れし、ご自身のことだけにエネルギーを注がれては？

知人の男は娘さんが連れ戻った4人の孫の面倒を、奥方と一緒に見るのに振り回されました。娘は家計を支えるためにと、今度はAV女優となりましたが、その現場で1回り年下の若いAV男優と恋に落ち、そして妊娠、結婚しました。

生まれてきた子供は男の子でした。新しい婿ドノはAV男優といっても甲斐性がなく、月のうちに仕事は3、4日程度。あとはパチンコ通いの体たらくでした。業を煮やした知人の男は「おまえみたいなロクデナシの顔は見たくない」と家から追い出したのです。

そして娘は3度目の離婚。

知人は孫5人の世話に精根尽き果て、「男ナシでは生きていけない娘が疎ましい」と嘆いています。いかがでしょうか。男との厄介事を家に持ち込むことなく、マイペースで生きるあなたのお嬢さまがなんとすがすがしく見えるではありませんか。

平成、令和の時代、経済的自立を獲得したお嬢さまの世代は、昭和の「結婚は永久就職の道」をヨシとされておりません。男性の顔面に騎上し、その陰唇で相手の口と鼻を塞ぎ、荒々しい舌遣いを求めて昇天する令和の女性たちは、「結婚を前提に」と口にしただけでズリ落とされたパンティーを引きずり上げられるのです。

親として愛娘にあなたさまが願うことは、ただひとつ。人生のどんなときにあっても笑顔で生き抜いてほしい。これに尽きます。

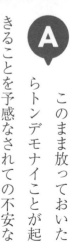

結論

お姉さんが両親に恨み骨髄はお門違い。過去に文句をつけるのは過去をあてにするのと同じバカげた話です

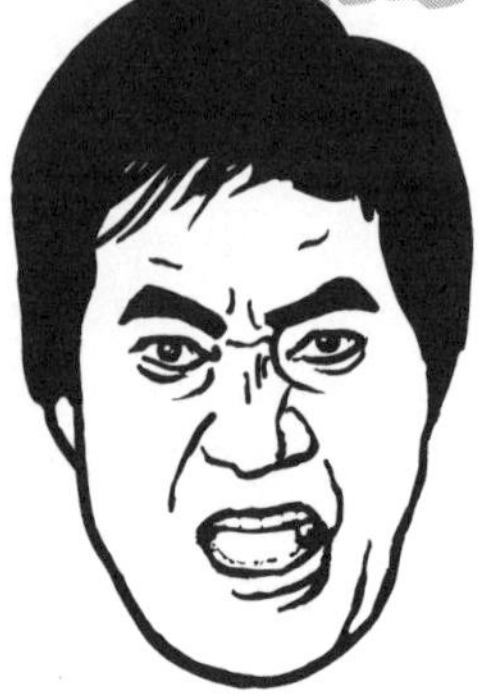

A 　このまま放っておいたらトンデモナイことが起きることを予感なされての不安なお気持ち、よく理解できます。ならば大火事となる前のボヤのうちに、火消し役を買って出るしか手はありません。

　ただ見張るだけではなく、両親につらく当たるお姉さまの火元への消火作業を働きかけられることが肝心です。お姉さまはご両親の経済的都合できちんと結婚式をやってもらえなかったことに恨み骨

相談 26

\お題/

姉の暴力で家族が崩壊しそうです

Q 両親は70代。姉は10年ほど前に離婚して実家にいます。離婚の原因は夫の不倫ですが、経済的な理由で親にきちんと結婚式をやってもらえなかったことを今でも根に持っていて、父を叩いたりしています。私も当初は注意しましたが、ますます横暴になっていて言うことを聞いてくれません。私はバツ2で家を出ていますが、これからどうなるか不安です。

（横浜在住・48歳女性）

髄のご様子ですが、バカげた話です。この世に愛娘の結婚式を好きで挙げてやらない親がどこにいるというのでしょう。

親のように子は思わぬ習いといいますが、あまりにも罰当たりな思い込みです。私たちはもう二度と戻ることができない自分の過去に、アレコレと不平不満を言うことほど益のないことはないと知っています。

お姉さまとて、そのことは十分にご存じのはずです。ご両親への八つ当たりはお姉さまの心の中のストレスからのものと推察します。さすれば積極的に話す機会を増やして、この世でたった2人の血のつながった姉妹同士、心を打ち解けあって悩みを聞くことを心掛けてください。

親と子の間でも人生は「喜ばせごっこ」と言っていた母親

かつて私は社会に出て働き、ようやくしかるべき金額を母親に仕送りできる立場となりました。ある時、「子供の頃は貧乏で満足に靴も買ってもらえずハダシで小学校に通っていた」と増上慢なことを口にしたことがあります。すると、母親の表情が瞬時に憤怒のものと変わりました。

「バカ言ってんじゃないよ。夜中に便所にひとりで行くことができず布団の中で寝ションベンをして、母ちゃん母ちゃん、と泣き叫んでいたのはどこの誰だというんだよ。おまえがこうして大きくなるまでには、母ちゃんや父ちゃんはどれだけ面倒見てきたか知れないよ。だから人生はお互いさま、と言うんだよ。母ちゃんや父ちゃんにばかりでなく、これまでの人生で恩ある人に水に流してもらえたからおまえは今日まで生きてこれたんだ。人生は喜ばせごっこ、たとえ親と子の間でもね」

小学校に満足に通うこともできず、新聞の漢字もよく判読できないままに生涯を終えた母親でしたが、どんな碩学の言葉より胸に突き刺さる言葉を残してくれました。願わくば、あなたさまのお姉さまにもこの言葉を共有していただきたく存じます。

人を呪わば穴二つと申します。人をむやみに呪い苦しめれば、やがては自分も破滅の道を歩むこととなるとの意でございます。

新型コロナウイルス騒動下、この機会に安価な旅行に出られてはいかがでしょう。気分転換にホストクラブに足を向けられるのも一考かと存じます。

お姉さまにお伝えください。過去に文句をつけるのは、過去をあてにしていると同じような愚かなことだ、と。

結論

恩返しは生きているうちにするから価値がある
嫁の喜ぶ顔が見たいなら
周囲の反対など
遠慮する必要はありません

A

　コロナ禍でとかく人の心がすさみがちな今日この頃、あなたさまの優しいお嫁さんの存在はまるで小春日和のような心温まるお話です。「お父さん、お父さん」といつも本当によくしてくれている、そのお嫁さんへ何かして差し上げたいお気持ちよく理解できます。

　齢を重ねてまいりますと、人の情けが身にしみ、でき得る限りの恩返しをしたい、と考えるものです。これから先、何百年も生きら

相談27

＼お題／

面倒を見てくれる長男の嫁にも遺産をあげたい

Q 数年前に心臓の手術を。先日、胸の痛みで病院に運ばれました。いよいよお迎えかと観念し、死後のことを考えました。女房と長男夫婦と住んでいますが、長男の嫁が「お父さん、お父さん」と本当によくしてくれます。死んだら嫁にも、何がしかあげたいと思っていますが、女房と次男、末娘が納得するか。遺書もかえってもめる気がするので悩んでいます。

（80歳）

れるワケではないのですから、あの世にゴム紐1本持っていけぬ身であれば、生きているうちに財産のうちのいくばくかを自分の心として届けたいというお気持ち、ぜひ実行に移されますようにとおすすめします。

恩返しは生きているうちにするから価値があるのです。死んだ後の恩返しなど、嫁の喜ぶ顔を見ることができないあなたさまにとって何の意味もないことです。恩返しはできる限りたっぷりとあなたさまの気の済むまで、近頃はやりの「倍返し」でも「1000倍返し」でも、ご自分の甲斐性に応じてなされればよろしいかと存じます。

女房ドノや次男や末娘に何の遠慮がいりましょうか。もし不平不満が出たら、ゾンビになる前に借りたものは多く返すのが俺の流儀だと怒鳴り返してやればよろしいのです。

一家の大黒柱のSEXや愛に、たとえ家族であっても文句をつけるようなヤツは「愚か者」でございます。どう思われようと関係ない、受けた恩を返すだけだと居直ればいいだけのことです。

何がための人生とタンカを切る「死ぬまで男」であれ!

また、逆にお嫁さんに感謝の贈り物をしたことを知った家族が「お父さんはお世話になったお嫁さんに恩返しをしてくれた」と喜んでくれれば、それはそれであなたさまの恩返しの喜びもひとしおとなるというものでございます。

もとよりお嫁さんが見返りが欲しくてあなたさまに尽くされたのではないことは承知しています。それ故、その見返りを求めない愛が崇高に思え尊いのです。

80歳になる今日まで十分に家族のために貢献してこられました。嫁の喜ぶ顔という、現世での自分自身へのプレゼントをしても、罰が当たらないはずです。齢を重ね晩年を迎えれば、老いた心は穏やかなものではありません。あのことをもっとやっておけばよかったとの妄執に駆られ悔いが残ることばかりです。

またヒタヒタと忍び寄る死の恐怖に打ちのめされそうにもなります。自分の人生は何であったのか、と無念と未練で気が狂いそうな修羅の日々で「お父さん」と心を砕いてくれた嫁は、ともすれば生きている意味を喪失しがちだったあなたさまの心を救った恩人です。その嫁に、今生で精いっぱいの恩返しもできずに、何がための人生だとタンカを切る「死ぬまで男」であって欲しいのです。

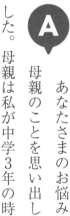

結論

愛が死んだ後も嫉妬や怨念はいささかも衰えることなく燃えさかるものですが、そうした恨みつらみは人を醜くします

A

あなたさまのお悩みで、母親のことを思い出しました。母親は私が中学3年の時、父親と離婚しました。それから約10年後「父キトク」の知らせが届き、入院先の病院に見舞いに行きました。「妻」となった女性に介護をされ、末期のがんでベッドに横たわり、やせ衰えた枯れ木のような細い手を握ると、父は滂沱《ぼうだ》と流れる涙で頬を濡らしたのです。

家に戻り、母親に父親の命の炎がもうすぐ消えることを伝えると

相談28

＼お題／

子供が元夫の今の家族と親しくしているのが嫌です

Q 10年以上前に離婚しました。息子と娘は社会人です。元夫は再婚して子供もいます。2人の子供は元夫に相談があると言って、元夫にも向こうの家族にも会っていますが、私はその気になれません。元夫も向こうの家族も見たくもないし、子供たちも親しくするのをやめてほしいと思っています。外国ではそういう家族関係もあるかもしれませんが……。

（50代）

「母ちゃんはどんな思いでおまえたちを育てたと思っているんだ」と2人の姉と私を前に烈火のごとく怒りをあらわにしました。意外でした。一度は愛し合い3人の子供を授かった相手である父親を、離婚して10年を経ても許すことなく怨念を燃やし続けている母親を知り、愕然としたのです。

母親は傘修理の行商人の父親の少ない稼ぎでは3人の子供を育てることができず、朝は近くの銭湯の掃除、昼は連れ込み旅館のこれまた掃除、夜は深夜までオデンの屋台で働き、それこそ文字通り寝る間を惜しんで家族を支えました。

小学校低学年の頃の冬の寒い朝です。学校に行く途中、寄り道をして母親の働く銭湯に行きました。無性に母親の顔が見たくなったからですが、額から汗を滴らせ、体からまるで煙のような湯気を立ちのぼらせながら銭湯の中を掃除している母親の姿を目の当たりにして、身がすくむほどに驚き、走り去ったことを覚えています。

こうして骨身を惜しまず犠牲をいとわず尽くしてきたのに、他の女の元へ走った亭主に、子供たちもたとえその命の終わりが来たとはいえ、見舞いに顔を出したことを母親は裏切りと感じ、許せなかったのでした。

第二の「女の人生」はこれから、恋多き新しい人生を築かれてください

母のことを思い出し、あなたさまのお悩みは他人事とは思えないのです。しかし、あえて申し上げなければなりません。母とはいえ、人の恋路に余計な口出しはご無用です。愛が死んだ後も、嫉妬や怨念はいささかも衰えることなく燃えさかるものですから。が、そうした炎に身を委ねていると、やがてその憎しみがあなたさまご自身を焦がすことになります。幼児の笑顔はどうしてあれほど可愛いのでしょう。人を憎んだり恨んだりする感情とは無縁だからです。子供はあなたさまの所有物ではなく、別人格です。自分の父親を慕う感情は自然なこと、広い寛容の心で子供たちから父親への愛を摘まないでください。

恨みつらみは人を醜くします。あなたさまはまだ50歳、第二の「女の人生」はこれから。恋多き新しい人生を築かれてください。私の母親はその後、私と同じ年の30歳下のオデン屋の常連客男と恋仲になり、周囲をザワつかせました。世間体を気にする2人の姉を「母親の色恋沙汰に口を挟むんじゃない」と叱りつけたのでございます。

あなたさまにも「女は灰になるまで」を生き切って欲しいと存じます。

結論

相手に「丸ごと相手を好きになる」という愛情がなかったのです
責任の取れないことに口出しするのはおやめなさい

A 今から37年前、AV監督になりたての頃、北欧を足かけ3年ほど旅していました。その頃フリーセックスの本場といわれた北欧で現地のポルノを買い付け、日本でビデオにして売るとともに、イングリッド・バーグマンを生んだ北欧の地の美人をAV撮影するためにです。相手役は日本から連れて行ったAV男優と私が務めました。ご当地の新聞に出演女性の募集広告を出すと、1回の広告で10人ほどの若い女性の応

相談29

\お題/

タトゥーを理由に息子が結婚を断られ、どうすれば……

Q 2カ所にタトゥーを入れている30歳の息子がいます。付き合っている彼女と結婚するため、先方の両親に挨拶に行ったら、結婚はダメと言われたそうです。後から理由を聞いたら、彼女の両親にタトゥーを入れているような人とは結婚させられないといわれたそうです。本人は落ち込んでいましたが、消す気はありません。同じことを繰り返さないように消してほしいのですが……。（会社員・58歳）

募がありました。女子大生や小学校の教師、乗馬のインストラクターやウエイトレスなどさまざまな職種の美女たちが面接にやってきましたが、驚いたことに彼女たちのほとんどは腕や背中や太ももにタトゥーを入れていたのです。

バイキングの伝統を持つ、かの国では海で遭難した時の目印に船乗りは体にタトゥーを入れる習慣があり、それが今日ではファッションとなって受け継がれているのでした。

コペンハーゲンの街には1ブロックごとに「タトゥー店」があるほどだったのです。今日では北欧の人々のみならず、世界的サッカー選手や人気の歌手や俳優の間でも「自分の精神世界を象徴する」として、タトゥーが愛好されています。

そうした面から考えれば、ご子息の2カ所のタトゥーなどは寛容されてしかるべきで、それを理由に結婚を許さない親も親なら、唯々諾々と親の言うことを聞いて結婚を断念する娘も娘です。同じ墓に入る前に、相手の正体がわかってよかったとプラス思考でお考えください。知人の娘は22歳も年上の男と25歳の時結婚しましたが、38歳の若さで10歳の娘と5歳の息子と60歳の夫をこの世に残し、がんで旅立ちました。

子離れして子供の成長を見て楽しく老いていく人生の選択を

知人の妻が娘の亡きがらを清めようとしたら、腰の部分に立派な龍の入れ墨が彫ってありました。驚いていると娘の夫が「これは私が生まれつきあった腰の痣《あざ》を隠すために彫って入れた墨を見て『私もあなたと同じ入れ墨が欲しい』と妻が望んで彫ったものです。将来生まれて来るであろう子供たちに私が負い目を持つことのないようにとの、妻の優しい心遣いでした」と泣き伏したのです。

知人夫妻は年の離れた男に嫁いだ娘を受け入れなかった自分たちの狭量さを恥じたといいます。かくのごとくに人を愛するということはその人のすべてを受け入れ好きになるということです。

あいにくですが、この「丸ごと相手を好きになる」という愛情がお相手女性にはなかったようです。タトゥーを消して欲しいとお望みですが、そろそろ子離れなされて、子供の成長を見て楽しく老いていく人生を選択なされてはいかがでしょうか。タトゥーを入れているご子息が好きという女性は必ず存在します。

幸せの基準は自分の心の中に存在するのです。責任のとれないことに口出しはおやめなさいましな。

コラム

⑤ 母親の相続で大喧嘩

私のおふくろが亡くなった時、姉2人と相続のことで揉《も》めました。一番上の姉は遠くにいたのでとくに問題はなかったのですが、おふくろの介護をしていた2番目の姉と激しくやり合うことになりました。

預金通帳には相当な金額がありました。それとは別におふくろは死んだら葬式代が全部出るという郵便局の保険に入っていました。姉は母の面倒を見ていたのは自分だから、それらを全部もらって当然だと主張したのです。しかし、私にも言いたいことはたくさんありました。

毎月、おふくろと姉にしかるべきカネを振り込んでいました。会社が倒産して苦しい時期もそれだけは続けておりました。おふくろは何年も介護生活を送っていたので、毎月の送金が積もり積もって高額なものになっていたわけです。しかも、病院に入って自身ではあまり使う場面がないはずなのに、時々かなりの金額が引き出されていました。姉が使ったに違いないのです。が、私にキツイ言葉を浴びせてきました。

「オマエは東京から月1回来るだけだろ。身内の者は毎日の仕事だよ。介護というのは気持ちなんだ。月に1回ぐらい来て親孝行が果たせると思っているのか」

こうなると売り言葉に買い言葉です。

「誠意というのはカネで表すしかないだろ。オレはこうして田舎に帰ってくれば、交通費もかかるし、みんなにおみやげも用意している。おふくろや姉さんに対する送金を合わせれば、半端じゃないおカネがかかっているんだ」

いろいろなことが脳裏に浮かんできて、さらにヒートアップ。

「町内でオレがまったく何もしていないグータラ息子みたいなことをふれ回られても困る」

確証があったわけではありませんが、思い当たるフシがいくつかあったのです。おふくろが病院から自宅に帰ってブラブラしている時、私も戻っていました。そこに町内会のおばさんが来て「お母さんのこと、ちゃんと面倒見なきゃダメだよ」とトゲトゲしい口調で叱られたのです。

私はできる限りのことをしていたつもりだったので愕然としました。これは姉が言いふらしているに違いない。どこまで悪く言っているかはともかく、正確な情報をきちんと伝えていないなと思ったのです。

「オレだってカネだけで済むとは思わない。でも、町内会のみんなから薄情な息子みたいな評価をされたらたまったもんじゃないよ」

すると姉はあらぬことを言い出したのです。

「父ちゃんはオマエにだけ卵を食わせて、私たちにはくれなかった」

昭和20年代当時、貴重だった卵を一人息子だからという理由で私だけ食べさせてもらっていたという恨みを、オヤジが死んで何十年も経ってぶつけてきたのです。

でも、こうしてそれぞれの気持ちをストレートに吐露するのは決して悪いことではありませんでした。最後はすっかり仲の良い姉と弟に戻り、わだかまりも氷解していたのでした。

⑥ 水に流すということ

私のおふくろは口うるさい人でした。年を取ってくると、以前にも増して言いたい放題になっていきました。テレビのワイドショーで私がしゃべっていたりすると、その後、福島から電話がかかってくるのです。

「今日の昼、オマエ、テレビに出てたな。『母ちゃん、母ちゃん』って夜中に便所にも行けなくて母ちゃんをたたき起こしていたガキがなかなか偉そうな能書きを言ってんじゃないか」

いくつになっても子供扱いです。さらに声のトーンは上がります。

「テレビに出るたんびに町内会のみんなが『オバチャン、息子が偉くなってよかったね』と言ってくれる。『あんなに立派になったんだからオバチャンも北海道とか沖縄とか、あちこち行って贅沢三昧してるんでしょ』だってよ。オイ、どうやったら旅行なんて行けるんだ、教えてくれよ」

タジタジの私は「わかったよ」と言って、翌日急いで、まとまったカネを振り込みます。しばらくするとまた電話がかかってきて、私のことを非難するんです。それが何度も続き、さすがに堪忍袋の緒が切れてしまいました。

「いい加減にしろよ。息子をなじるようなマネはやめた方がいいよ。みっともないから。カネが欲しいなら欲しいと言ったらいいじゃないか」

すぐにしまったと思いました。おふくろを傷つけるような言葉を吐いた自分を恥じたのですが、向こうの方がはるかに上手でした。凄まじい反撃が返ってきたのです。

「何、言ってんだ、オマエ。母ちゃんは水に流しているんだぞ。ガキのころから世の中に出るまでどれほど母ちゃんに迷惑をかけてきたと思っているんだ。全部、水に流してやっているから、オマエは生きてこられたんじゃないか」

こうなると、まったく言い返すことなどできません。考えてみると、含蓄のある言葉です。この世の中に、水に流せないものなどないのです。私たちはさまざまな憤りを感じながらも、その都度水に流しながら生きている。逆に言えば、周囲の人からいろんなことを水に流してもらって生かされているわけです。

おふくろ、すごいこと言うなと思って、口ごたえをするのをやめました。やっぱり男は、どこかマザコンのところがあるのです。男の子にとって父親より母親の方がはるかに絶対的な存在です。

おしめを替えてくれたことまで思い出すのは無理としても至れり尽くせりの愛情を受けてきたのは間違いないのです。親思う心にまさる親心、です。

⑦ 女性の暴力

私には恐怖の体験があります。女性の暴力です。

世の中には暴力的な奥さまもいます。仮にイライラの原因が性的欲求不満だとしたら。多分、暴力が一番のリフレッシュなのでしょう。夫に妻が暴力を振るわなくなるほどのパワフルなセックスをする自信はないでしょうから。

奥さま方は週刊誌やネットでの性情報で、頭がパンパンに膨れ上がっている状態です。埋めがたきギャップが生じています。

経済的な問題も大きいかもしれません。「甲斐性なし」となじられたことはありませんか。「隣の佐藤さんも向かいの鈴木さんもどんどん出世しちゃって、会社から株をもらったらしいよ」と言われて。あっちはクルマを買い替えたり、家族で海外旅行…。

自分たちを振り返れば、スパリゾートハワイアンズの1泊2日の旅行すらままならない。せいぜい「温泉のもと」の粉末を湯船に入れるぜいたくが精いっぱい。

妻にしてみれば、自助努力ではどうにもならない。子供を2人も3人も作って、こんなマッチ箱のような小さなアバラ家にしか住めない。自分の人生はこんなものかと思えば、こんなマッチ発散するしかなくなってしまう。そんなやるせなさを思えば、全部、受け止めるしかないでしょう。素手だけじゃなくフライパンまで出て来ることだって珍しくないのです。

⑧「明日の米がない」と女房に言われて

会社が倒産して多額の借金を抱えた時、真っ先に考えたのは家族に害が及ばないようにすることです。借金取りが押しかけたり、催促の電話がひっきりなしにかかってくるのをなんとか阻止しなければならないと思いました。

心配させるのが嫌で借金のあらましを女房に伝えていませんでした。借金取りの攻勢が家に及ばないように、手持ちのカネをあるだけ小まめに返しました。

ある日、女房ドノが申し訳なさそうにおずおずと「明日の米がないんです」と言ったのです。

私は5年も6年も、まったく家にカネを入れていなかった。かつてAV女優だった女房ドノは数千万円の貯金を持っていましたが、それをすっかり使い果たしてしまっていたのです。

借金の原因は衛星放送事業の失敗ですが、ちょうどそのころ子どもが生まれ、生活費がかさむようになっていました。女房がやりくりしていたのはうすうすわかっていましたが、私はそれに甘えて、米びつが空になるまで見て見ぬふりをしていたのです。そこで、はたと気がついたんです。自分のこれまでの考え方は間違っていたと。

私は女房に自身の現状を正直に話しました。

「今は一晩に5000万も6000万も使っていたような、一緒になったころの村西とおるじゃない。160円のキップ代がなくて渋谷から四谷まで歩いて帰ってくるような男に成り下がってしまった」

女房はとっくにそんなことはお見通しだったかもしれません。絶えずため息をつき、夜中も断末魔のような寝言を吐きながら、ひどい寝汗をかいていました。私は最低限の生活費を入れることを約束して、こう続けました。

「借金取りが押しかけたり、脅迫まがいの電話があったり、裁判所から督促が来たりといろいろ迷惑をかけるかもしれないけど、少し我慢してくれないか」

その結果、三くだり半を突きつけられても、それはそれで仕方がないと思っていました。まずはうちに入れる生活費の確保を優先するようになると、返済が滞る場面も出てきました。すると、さっそく借金取りの攻勢が自宅にまで及びました。私たちが住んでいたマンションのドアに「村西ドロボー」などと書いた紙を貼られました。それも自分の部屋だけではありません。14

0戸余りのすべてのドアに貼られていたんです。私はそれを剝がしながら、一軒一軒謝って回りました。

しかし、そこで女房が子供を連れて逃げ出すようなことはありませんでした。むしろ夫婦の絆は強まったのです。結婚生活がいい時ばかりでないのは当たり前。取引相手ではないのです。病める時も貧しい時も支え合ってこその夫婦なのです。

第4章

お待たせいたしました！
老後の悩みにお答えいたします

結論

逆の立場で考えてください
もしあなたさまが先に
逝かれたら残されて
途方に暮れるご主人に
どんな言葉を
かけるでしょうか

A

突然ご主人さまに先立たれ片翼をもがれたごとき状態になっておられる不安定なお気持ち、お察し申し上げます。二世を誓った夫婦の絆を今しばらくは深めたかったとの断ち切れない未練、よく理解できます。朝、日が昇り、窓に明かりが差し、食卓のテーブルを照らせば、いつもの位置で亡きご主人が「おいしい、おいしい」と味噌汁に舌鼓を打っていた姿を思い出し、とめどなく涙をこぼされているのではないで

お題 夫が突然死、これからやっていけるでしょうか

相談㉚

Q

夫が心臓発作で急死しました。まだ65歳。それまでは健康そのもので、普段通りに食事もしていたので信じられません。心の準備がないまま夫が亡くなって、今も途方に暮れています。子供は家を出ているので、これからずっと一人でやっていくしかありません。生きていると本当に何があるかわからないということを、これほど思い知ったことはありません。（63歳・女性）

しょうか。

木の枝が風に揺れても花が咲いて小鳥が鳴いても、見るものすべては儚く思え、生きていることがつらくてならないのではと推察いたします。が、私たちご先祖さまも愛する家族との山ほどの永遠の別れの歴史を刻んで、今日まで命のバトンをつないできたではありませんか。

「草の葉に置く露の、風待つほどに儚い命」であっても、いつまでも嘆き悲しみに沈んでいてはいけ

ません。いずれあなたさまもご主人の後を追い、黄泉の国に旅立つ身であれば、天に召されるその日まで悔いなきよう精いっぱいに楽しんで生きましょう。それがこの世に残されたあなたさまの、あの世にいるご主人への務めであり、供養となることです。

逆の立場でお考えになってみてください。もしあなたさまが先に逝かれ、残されたご主人が朽ち果てたようにしおれ、ただ途方に暮れる毎日を過ごしていたら、「なぜ一度きりの限りある命を大切に、人生を満喫しないのか」と地団駄を踏んでおられるのではないでしょうか。

どんな苦しみも耐えられます。過ぎてしまえばすべては想い出

あの世のご主人はこれから先のあなたさまの人生で、雨が降ろうと嵐が来ようとも、どんな時にあっても恋女房のそのいとおしい顔に、笑顔を絶やすことなく、生き抜いて

ほしいと願われているはずです。笑い転げる日々を過ごし、心地よい風に吹かれて夜空を見上げ、星になったご主人に向かい、「悔しいなら戻っておいでよ、この世まで」と言って差し上げる心意気で生き抜いてください。

死の影におびえる必要はありません。なぜなら人類の歴史の中で自分の死を確認した人間は一人もいません。世界一の大金持ちが何千億円、何兆円の金を積んでも自分の死を見ることはできないのです。見て確認できないことは、ないと同じです。故に、人間は死なない生き物といえます。

ありもしない自分の死におびえることほどバカバカしいことはありません。

加えて、あなたさまに忘れていただきたくないことがあります。人間には、もうダメだ、力尽きたと絶望しかかっても最後の最後まで、ひょっとしたら助かるかもしれないと決して希望を捨てることなく想像する力が宿っていることを、です。

最後に私の支えとなっている言葉をあなたさまにお届けします。「どんな苦しみだって耐えられる。過ぎ去ってしまえば、すべて想い出になるから」を。

結論

いつまでも美しいままなら思いを断ち切れない むしろ朽ち果てて腐臭を放つことこそ功徳でございます

A 少し前、名将・野村監督も浴室で倒れてお亡くなりになられました。

さて、もしもあなたさまが孤独死を迎えられようとも、大丈夫でございます。現代の日本社会ではしかるべき公共機関がキチンとあなたさまのご遺体の始末をしてくださいますから、何も心配いりません。「みっともないご自分の腐乱した死体を他人の目にさらしたくない」とのお気持ちはわかりますが、孤独死であれ、親類縁者に

お題 一人暮らしの従弟が腐乱死体で発見されました

相談㉛

Q 57歳の従弟が亡くなりました。離婚後はひとり暮らし。死後1カ月、腐乱死体で見つかりました。ショックだったのは警察で聞いた話。「今日はこの方で孤独死が４人目です」と……。そして先日、友人からやはり67歳の従弟が孤独死したとの電話。うちは子どもがいません。「夫に先立たれたら、私も孤独死？」と不安です。

（主婦・63歳）

囲まれての尊厳死であれ、人間の死体はおぞましく感じられるものです。

健康だった頃と比べて見る影もなく痩せ細り、その体からは鼻を突く腐臭が漂っています。その姿を目の当たりにして「これが私の愛した人だったのか」と誰とて衝撃を受け混乱に陥ります。しかし、そうした目を覆いたくなるような醜い姿をさらすことは死に逝く者の役目でございます。

己の腐りゆく姿をあからさまに

見せることで、もう自分はこの世とは一線を画した「黄泉《よみ》の世界」に旅立ったことを、残された人たちに伝えるのです。そうすることで遺族はいつまでも嘆くことから救われ、ようやく「愛する人」との別離がかなうのです。

いつまでも美しいままの遺体であったなら、残された人間が思いを断ち切ることはかなわなくなるでありましょう。死後の自分の死体は美しくある必要はありません。朽ち果てて腐臭を放つことこそ功徳でございます。

かつて戦争体験をしたわが母は、病の床にあって平和で豊かな時代に死んでいくことを「幸せ」とありがたがっていました。あの太平洋戦争から戦後の混乱期にあっては行き倒れた人の死体がそのまましばらく道端に放置されていることも珍しくなかったといいます。

人間の生きた証しは生き残った人の記憶の中にある

母親は女性の死体が大勢の見物人たちの見せ物になり、辱めを受けているさまを幾度となく目撃しました。「あんな目に遭うのなら死んでも死にきれない」と、いつになく怒気を含んだ言葉を発した母親でした。それが「知り合いの誰彼に見取られ、さらしものになることがないのだから天国だ」と手を合わせてみせたものです。

「死者は生者を煩わせるべからず」といいます。人間の生きた証しは生き残った人たちの記憶の中にあります。たとえ最後にどんな無残な姿をさらそうとも、あなたさまの記憶を大切に覚えている人がいれば、それで愛の深さを見つめることができ、人生は報われるというものです。多くの人に見取られながら逝っても、心の底から悲しんでいる人が一体何人いるというのでしょう。

誰もがやがて腐乱する死体となってこの世から消え去る宿命にあります。人間はひとりで生まれ、孤独にひとりで死んでいく運命を生きています。

いまさら、孤独死を恐れる所以《ゆえん》などどこにもないのです。

長続きさせるには新興宗教と左翼的言動の友人に求めすぎないことです 君子の交わりは淡き水のごとしといいます

A もとより友人がどんな性癖や宗教、政治信条を持っていようとも、友だちであることには変わりなく、そのことで特段の影響を受け友情にヒビが入るといった経験をしたことがありません。何を信じ、何が好きであっても、友だちであることには変わりがない、は明白なことです。

ただ新興宗教に入った友人と疎遠になったことがあります。なぜかと申しますと、ある時、その友人が新興宗教の仲間と接する姿を

お題 二人の終生の友と軋轢《あつれき》が生じて困っています

相談㉜

Q

私には幼少期から数十年、苦楽を共にしてきた終生の友が２人います。それが突然、友人Ａからは新興宗教の誘い。友人Ｂからは政治に関する左翼的発言。私の主義主張と反する彼らの言動に触れてから、以前のように友人たちとして接することができなくなってしまいました。彼らはまったく気にしていないもよう。私は今後どうするべきでしょうか。

（福岡在住・60代）

見て、私との付き合いに随分と差をつけていることがわかったからです。

その時、彼は宗教仲間の何人かと会合の後、私と待ち合わせをしていたのでしたが、宗教仲間に対する彼の別れの挨拶が私の時のゾンザイさと比べて格段に礼儀正しく、これまでになく媚びへつらう姿を目撃したからです。

万が一のことがあったら助けてくれる友だちがいるのは心の支えです

私には彼が舞台で演技している俳優のように見えました。友人にどんな思惑があったかわかりませんが、あまりの二重人格ぶりに嫌悪感を抱いたのです。それから彼を色メガネで見るようになり、付き合いはいつか自然消滅しました。

新興宗教の教祖さまの出現で、2人の友情が裂かれたのです。幸か不幸か左翼的発言に染まった友人はおりませんでしたが、日々の暮らしに追われている貧乏暮らしの友ばかりで、高尚な思想信条にうつつを抜かしている暇がなかったというのが正直なところです。が、友だちとはそれでいいのだと思います。

互いに楽しく語り合ったり、バカを言って腹を抱えて笑い合い、浮世の憂さを晴らして、人生を伴走できれば、それでかけがえのない存在なのだと考えます。

友とは、無駄に競ったり、ひとかどの人物であることをひけらかして優越感に浸る相手ではありません。これまでの艱難辛苦の人生で、いざとなればアイツのところに飛び込めば何とかなる、と考えただけで気持ちを落ち着かせることができた男がいます。

実際には助けを求めることがなくても、何か万が一のことがあったら、きっと助けてくれると思える友だちがいるだけで、心の支えとなりました。友情は他の人間関係の基礎となる「他人を丸ごと信じる」という心模様を育む絶好の機会です。

結婚生活においても男女の特別な関係にあっても、「契り合った相手を信じる」という友情に通じる精神を育てることが不可欠だからです。

君子の交わりは淡きこと水の如し、といいます。友情を長続きさせるにはセックスや結婚と同じく、相手に求めすぎないことです。

友だちがどんな宗教を信じ、政治的信条を持とうと、彼ら自身がそのことをことさら気にしない以上、あなたさまも彼らと同じく気にする必要はありません。好きな友との喜びは2倍になります。

これからも2倍の喜びに酔いしれ、友情をお育てくださいませ。

結論

孤独死、保証会社などがネックで高齢者には厳しい条件が……UR都市機構の賃貸住宅を利用してみては

A

この頃ではアパートやマンションを借りるにも高齢者は対象外といった条件をつけてくる家主が少なくないようです。マスコミで話題の孤独死を恐れてのことでしょうが、もうひとつには保証会社の存在があります。万が一のための保険に家主の中には「保証会社」に間に入ってもらうケースが増えているのですが、この保証会社が自らの利益確保のために入居資格を厳しく求めてきています。

お題 高齢者はアパートを借りることができない

相談㉝

Q 私と2人で暮らしていた母親が施設に入り、現在、嘱託で週2日ほど通っている都内の会社近くに引っ越そうとアパートを探しています。ただ困ったことに高齢で、どこも貸してくれません。孤独死の増加はわかるのですが……。身内の保証人が必要ですが、子供はいないし、親戚ではダメだそうです。狭くていいから近場に見つけたい。解決策はあるでしょうか。

（68歳・千葉在住）

賃料の1カ月手数料を取っていながら、なんのための保証会社なのだと不快ですが、家主にとってのリスクのない方が好都合なのです。

でも、諦めることはありません。UR都市機構を訪ねられてみてはいかがでしょうか。入居条件には年齢制限や収入といったものは一切うたわれておらず、その上、民間のような不動産屋への仲介手数料や礼金、法外な敷金といったものは一切必要ありません。お勧め先が都内ということですので、この際思い切って都心に引っ越されるとの考えには大賛成です。都内にはＵＲの賃貸物件が数多くあり、格別人気の場所でなければ、比較的簡単に入居することができましょう。

年齢制限、収入の条件なし。諦めることはありません

あるいは都営住宅でも少し古い建物であれば、あなたさまの条件にあった住居を探し出すことが容易ではと考えます。もしあなたさまが自分の家を持たないことに肩身の狭い思いを持たれているとしたら、それは間違いです。

かつて私は10億円ほどの豪邸に住んでいたことがありましたが、持つことの苦労を嫌というほど味わいました。まず毎年支払う固定資産税が半端な金額ではなかったことです。官はこの日本列島の上にある土地建物は全部お国のモノとの認識で、個人や会社所

有の名義の物件は「固定資産税」という賃貸料を取って「貸し出している」との考えです。それが証拠に50年も固定資産税を支払わなければ、全部召し上げられてしまいます。自分の名義であるとの所有欲に火をつけ、奴隷となって休みさえ与えず働かせる策略でございます。

また、ヘタに家など構えると環境を維持し、整えるための修繕費がのべつ幕なしにかかることとなります。加えて法外な相続税を考えれば、どうせあの世にハンカチ一枚持って行けぬ身であれば、自分の家が土地がとこだわること自体がお笑いグサなのです。近くに新宿御苑があります。わずか数百円の入場料で、ゴルフ場1つ分の都心の広大な敷地を我が家の庭のごとくに散策し、緑の中で過ごすことができるのですが、もしもこれが自分のものであったらと想像するとゾッとします。これらをすべてこの世に残し、あの世に旅立たなければとなったら気が狂うほどに夜も眠れないのではと思うのです。

あすあすと待たれるうちが桜かな、と同じく、持たないうちが華、が人生なのでございます。

結論

92歳までボケることなく働き続けられることを教えてくれた印刷所のオヤジの姿は私にとっての大事な財産です

A 私も60歳を過ぎたころに25万人に1人という奇病に襲われ、余命1週間の宣告を受けました。医者いらずで元気だけが取りえの愚か者でしたので、なんたることかと呆然としましたが、幸いにも今日では担当医から「トライアスロンにでも挑戦したら」との叱咤激励を受けるまで健康を取り戻しています。

現代社会にあっては医学の進歩もあり、70代などはまだまだ「働き盛り」ということなのでしょう。

お題 体のあちこちが痛くていつまで働けるか不安です

相談㉞

Q 最近は体のあちこちが痛くていつまで働けるのか不安です。通販のサプリメントを飲んだりしていますが、気休め程度ですね。とくに腰痛がひどくて最近は立ち上がるのも苦痛です。70歳までまだ10年近くあります。収入は心配だけど、もっと働けと言われてもずっと働く自信は正直ありません。

(60歳・会社員)

おかげで今日においてもパンツ一丁となってカメラを担ぎ、姫君の足の付け根に肉薄するエロ事師の日々を過ごしてございますが、私の元気の源には92歳で逝った印刷所のオヤジの存在があります。

かつて大東亜戦争の折に中国大陸で八路軍と戦い、体に銃弾を5発受けても生還したことが自慢の帝国陸軍の曹長でしたが、裏本時代に勝手に本を水増しし横流しをした事実を問い詰めると、「老人をイジメるもんじゃないよ」とうそぶくファンキーなオヤジでした。

90歳を数えても頭脳明晰、肉体もいたって健康で、いさかいを起こすと2階からかつての軍刀を持ち出す「やんちゃ」なところも持ち合わせていました。夜、自宅に立ち寄り話に興じていると10歳年下の恋女房が風呂から上がる気配がしました。するとオヤジは急にソワソワし「帰るように」と促すのです。90歳を越しても夜の戦場ではいまだに現役の帝国陸軍の戦士だったのです。

そのオヤジが92歳のある日、突然あの世に旅立たれました。実の父親のように慕っておりましたので、心がちぎれそうに落胆しましたが、オヤジの残してくれた宝物がありました。それは人間は92歳までボケることなく壮健で働き続けられることを目の当たりにしてくれたことです。このことは何十何百億円に匹敵する遺産となり、ただ今でも少し衰えを感じて弱気になると、オヤジのことを思い出し「あと20年」と奮励努力している次第です。

ひたすら前だけを見て歯を食いしばり、精進することを願うのみ

あの世でオヤジに再会した際には「おまえもやるじゃないか」と頭をなでられたいのです。かなうなら、あなたさまにも生涯現役を目指しお励みいただきたく存じます。先に逝った知人や肉親に顔向けできるようにです。「もう駄目だ」と考えれば、道は閉ざされます。「限界だ」と思ったら本当に絶望に落ちてしまうことになるのです。人生では自分の現実に耐えきれずおじけづいたら負け、破滅します。

確かに腰痛の苦しさは耐えがたきものでしょうが、ここで諦め、働くことを放棄すればもっと悲惨な人生を招くことになるのです。

「死の恐怖」と同じくどんな苦しみでも人間はいずれ慣れるタフさを持っています。私とともに92歳での大往生を目指し、過去を振り返らず、ただひたすら前だけを見て歯を食いしばり、精進していただくことを願うのみです。

結論

自分の美しい思い出を棺おけの中にしまい込み前だけを向き来世での再会を夢見て旅立つことをお勧めします

A

スカシ屁でごまかしたつもりでも、相手はテンコ盛りに中身を出されたと受け止めることがあります。43年越しに思いをつのらせておられる女性も、そうした苦々しい気分をお持ちになられている、と考えられてみてください。

あなたさまにとっては淡い恋心からの不器用な無言電話のアプローチでした。が、相手女性にしてみれば、強姦魔に組み敷かれ挿入寸前となったごとき恐怖感を持た

お題 無言電話をかけ続けた女性に今からでも謝りたい

相談㉟

Q 43年前、短大の写真科の時、インテリア科にかわいい女の子がいました。私は卒業後も忘れられず、3年間無言電話をかけ続けました。心配した彼女の父親がアルバムで調べて私に電話してきたこともありました。本当に悪いことをしました。長い時間が過ぎましたが、彼女に謝りたいと思います。監督のご意見をお聞かせください。

（無職・65歳）

れたのではと推察します。執着すればするほど互いが傷つくことになるのは目に見えています。彼女の父親が電話をしてきたことで、この恋物語は完結していると心得てください。

相手構わず自分の気持ちを優先することは暴力に匹敵する行為です。43年も経って再び訪ねられたら今度は本当に警察に通報されかねません。おやめください。調査によればコロナ禍で「元恋人」「夢」という言葉で検索する人の伸び率が2450%になっているそうです。

相手構わず自分の気持ちを優先することは暴力に匹敵する行為

人間はつらいことがあると心の底のよりどころを求めます。若く純粋で情熱的だった青春時代に回帰し「夢よもう一度」の気持ちになるのでしょう。しかし、実際に行動を起こすと話は別になります。

40年前に、憧れの女優がいました。彼女が、当時住んでいた札幌に来て、ストリップの舞台に立つことになりました。その日は忘れもしないさっぽろ雪まつりの日でした。空を見上げ、この同じ空の下に彼女がいるかと思うと、雪景色がピンクに染まって見えたことを覚えています。彼女の人気はもの凄く、劇場の前には長い行列ができていて、そのあで姿は残念ながら拝むことはできませんでした。

それから25年後のエロ事師となって彼女とお仕事をご一緒する機会がありました。目の前にいる彼女は私がグラビア写真を見て1000回はシコった女神とは別人の、よわいを重ね顔に深くシワを刻んだ老女でした。青春の熱い思い出が一瞬にして粉々となり吹き飛んだ瞬間です。

あなたさまに私と同じような悲しい目にあって欲しくありません。どう贔屓目《ひいきめ》に見てもあなたさまが43年間思い続けてきた相手女性がたとえ昔のような面影の持ち主であっても、変態ストーカーであった無言電話の男を、まるでメロドラマの主人公のように優しく受け入れてくださるとは考えられないのです。巷で話題の韓流ドラマ「愛の不時着」に主人公が「人生で一番忘れちゃいけない人は、憎い人ではなく好きな人だ」という珠玉のフレーズがあります。この言葉をよく吟味なされ、自分の美しい思い出を棺おけの中にしまい込み、来世での再会を夢見て旅立つことをお考えください。あの世で再び巡りあったその時には、今度こそ彼女が惚れ惚れするような男になることを目指し、残りの人生を精いっぱい、前だけを向いて生きるあなたさまの勇気を称えたいと存じます。

満足の本質は他人との比較ではなく、これが運命、「人生はやったものが勝ち」と臆することなく何でもやってみる以外にありません

A 　あなたさまのお便りを拝見し、ある母親を思い出しました。彼女は3歳の息子の手を引き、乳飲み子をおぶって突然やってきました。「今日中にお金がなければ明日、大家に追い出される」と泣いて訴えたのです。しからば、と採用し、早速撮影を開始しました。3歳の息子はスタッフが外に連れ出しましたが、乳飲み子は母親の乳房に顔をうずめて離れようとしません。仕方がありません。そのまま乳児に母親の

乳頭を含ませ、後で編集で処理することにして撮影を続行しました。泣き気の毒だったのは男優です。泣きそうでした。

無事仕事を終え、スヤスヤと寝入る乳児を背にヨチヨチ歩きの息子と手をつなぎながら、深く頭を下げて去って行った、あの若い母親の姿が目に浮かんだのです。母親は偉大です。これまでどれほど大変だったことでしょう。母親の鏡のようなあなたさまにただただ頭が下がります。

お題 ワーキングプアです。たまには気分転換したい

相談㊱

Q

2人の成人したハーフの子がいるシングルマザーです。会社に勤めながら、夜はスナックでバイトをしているワーキングプアです。働いてもお金も貯まらず、まわりの専業主婦や独身女性の暮らしを羨ましいなと思っています。恋もしていますが、諸事情があって寂しい思いをしています。他人を羨んだりしないで、うまく気分転換する方法はないでしょうか。（51歳）

小津安二郎監督が昭和11年に製作した映画「一人息子」の冒頭に、「人生の悲劇の第一幕は親子になったことからはじまっている」の字幕が出ます。本作は信州の田舎の製糸工場で女工として働きながら、家や畑も売り払い、一人息子を東京の大学を卒業させるため、極貧に生きた母親の物語です。

貧しかった昭和初期の観客の琴線に触れ、日本人の誰もが涙で頬を濡らした佳作として、日本映画史に刻まれています。比べて、あなたさまは会社勤めをなされて「人生の悲劇の第一幕は親子になったことからはじまる」といった人生を生きることなく、2人のお子さまを成人させられたのですから見事なものです。

SEXと同じように人生は「やらないこと」が最大のリスク

さて、ただ今は恋をなされていても、諸事情があってなかなか寂しいとのこと。

ポッカリ穴のあいた心の内を埋める方策ですが、そのためには自分は運がよいと覚醒されることです。これまで気がつかなかっただけで、体のアチラコチラには致命的な病巣が発生していたかもしれません。あるいは危機一髪のところで命を失う事故から逃れたこともあったが、それも気がつかなかっただけです。

だから生きているだけでありがたい、運がよいと考えてください。不思議と心がスッキリとしてきませんか？　人間の満足の本質は他人との比較ではありません。これが運命だと、どんなことでも受け入れる満足袋を持てば、それで勝ちなのです。加えてこれから先は世間体など気にせず「人生はやったものが勝ち」と臆することなく何でもやってみることです。

セックスと同じように人生はやらないことが最大のリスクです。最後にいつもよく笑うことを心掛けてください。よく笑うは人間力です。笑う人にはみな惚れ込んでしまうものなのですから。

結論

何度か引っ越しをして今は東京の郊外に住んでいます広さは前の2倍近く家賃は同じで富士山も見えます

A

30年ほど前、50億円の借金を背負って倒産し、暮らし始めたマンションの小さな部屋の前には墓地がありました。はじめは縁起でもないと嫌悪感を抱きましたが、用意してくれた知人の好意を無碍《むげ》にするワケにもいかず、その場所でしばらく生活をしたのです。

7歩歩けば玄関に出てしまう一間の部屋でしたが、どうせあの世にティッシュ一枚持っていけぬ身であれば、家や物へ執着するより

お題 建て替えた団地に移ったら狭くて言い争いに……

相談㊲

Q 住んでいた団地が古くなり、建て替えられ、引っ越します。家賃が上がらないのはいいのですが、狭くなって収納スペースが半分以下に。妻とは捨てる物や家電の買い替えで言い争いが絶えません。妻はベランダにしか窓がないのも憂鬱のようです。もう少し広い部屋に住むことも考えましたが、老後を考えると……。年金生活者にはぜいたくな悩みでしょうか。 (60代)

生きている今を大事にしようと自分を納得させせました。

8階の部屋でしたが、200基ほどある墓を窓から見下ろしていると、気づいたことがありました。生前は大層な人物であったに違いない、大きく立派な墓に訪れる人とてなく、小さな墓に月命日と思われる日には花を手向けに訪れる人が必ずいたのです。

人間は棺を蓋《おお》いてその位が定まる、ことを学びました。

次に住んだマンションは窓から

見えるのは隣の家の壁だけでした。息苦しさに鬱々とした日々を過ごしていましたが、加えて悩まされたのは目の前が産業廃棄物の会社であったことです。朝の4時を過ぎると5台の産廃トラックにエンジンがかかり、慌ただしい音を立てて出発していくさまが睡眠中の枕元にうるさく響いてくるのでした。

「住めば都」で「置かれた場所で咲きなさい」

最初はなんと朝から騒がしいことよと不快に感じていましたが、だんだんと腹が立たなくなりました。商売とはいえ、雨の日も嵐の日も一日も休むことなく、毎日こんな朝からご苦労さまなことと逆に心打たれるようになったからです。ともすれば自堕落になりがちな我が身に、「ヨシ、今日も自分も負けずに頑張るぞ」と随分と励む力となったのです。その次に移り住んだマンションの管理人は差別主義者でした。私ばかりでなく家族に対しても「ポルノ屋は出て行って欲しい」とあからさまな態度をとる中年男でした。

どんな人生経験の末に管理人になったかわかりませんが、こんな偏狭な生き方をしていて、よくも体を壊さないものだと、かえって気の毒に感じたものです。

今の住まいは東京郊外にあります。都心部でなければとのかたくなな考えを捨て、都心から電車で40分ほどの今のマンションに移ってきました。家賃は前のマンションと同じですが、広さが2倍近くあります。何と言ってもいいのは空気が澄んでいて、部屋から毎朝富士山が遠くに見えることです。

あなたさまも現在の住居に納得がいかなければ、賃貸を幸いに別のお気に召す場所を探されてはいかがでしょうか。広い世間にはきっと格好な物件との出会いがあるはずです。また、自分の部屋を好きなように飾り立てる、はいかがでしょう。私は自分の狭い部屋の壁面に１００枚ほどの家族や自分の写真を貼り、独りごちています。

「住めば都」で「置かれた場所で咲きなさい」を生きることが、年金暮らしを豊潤なものにしてくれるのではないでしょうか。

⑨ 親孝行とは

以前、トークライブの際、ゲストの女流作家さまへの質問を会場のお客様に求めたら、なかなか手が挙がらないことがありました。その時ふっと中年男性が立ち上がり、「一番好きな食べ物と一番感じるところを教えてください」と聞いてきた。感じるところだけではまずいと思って好きな食べ物を付け足したのでしょう。なかなかわかっていると感心しておりました。

その彼にステージに上がってもらい、顔をつくづく眺めてみるとどこかで会った気がします。細い記憶の糸をたぐり寄せてあっと思いました。

「あなたね、私のところでAV男優か何かやっていたことない？」と尋ねると、「はい、その節はお世話になりました。雷小僧です」。二十数年前に私のAVに何回か出演してくれた雷小僧という男優がいました。しばらくするとさらに記憶が鮮明になってきます。

彼については忘れることができない思い出があったのです。ある日、彼は「監督、お願いがあります」とやってきて次のように言ったんです。

「うちのオヤジが入院していて余命いくばくもないんです。せめて晴れ姿を見せてやりたいんですが、AV男優というわけにもいきません。できれば、タレントとして活躍しているところを見せたい。今度、漫才のイベントがあるので、一緒に出てもらえませんか。それが雑誌や新聞に載ったらオヤジの冥土のみやげになるんじゃないかと」

親孝行の話なら、こちらとしても無碍《むげ》に断るわけにはいきません。さっそく1回こっきりのコンビ「村西監督と雷小僧」を結成。2～3回練習して本番を迎えました。場所は四谷の劇場。写真週刊誌の知り合いの記者も呼びました。

観客のほとんどは10代の若い子たちで、出演しているのも20歳前後のお笑い新人芸人。そこにエロスの世界の住人が舞い降りてきたので、司会を務めていたコント赤信号の渡辺正行さんも目をシロクロさせていました。持ち時間は15分でウケないと5分でサイレンが鳴って強制終了。ろくな練習もしていない上に世代も違う観客たちはクスリともしません。当然ながらサイレンが鳴り、撃沈です。あっけにとられていた写真誌のカメラマンも我に返り、あわててシャッターを押していました。

ともあれ、翌週の写真誌にそのシーンが載り、私も人の親孝行にお手伝いできたことで安堵していました。親孝行というのは何をするかが問題ではなく、何でもいいから一心不乱に親御さんのために恩返しをするという姿勢が大切なのです。

雷小僧に「ところで、お父さんあれからどうなさったの？」と聞きますと、「一昨年亡くなりました」と平然と申されたのです。危篤のはずが、あれから20年以上もご存命だったわけで、腰を抜かしました。

第5章

お待たせいたしました！どんな悩みにもお答えいたします

キレやすいのは痴呆の初期症状という説もありますぶら下げて歩くのは木刀ではなく極太がお似合いと存じます

相談38

お題　ルールを守らない連中にムカつきます

Q　年金生活者です。最近、腹が立つのはルールを守らない連中。駐輪禁止なのに自転車を置く、歩きスマホでぶつかってくる……。若者ばかりか40代、50代でもいるから情けなくなる。ムカムカして木刀でも持ち歩こうかと思ったりしていますが、女房に言うと「どうでもいいじゃない」と言われケンカです。世の中、変だと思いませんか。

（無職65歳）

A

木刀ですか。いや、あなたはお優しい方なんですね。今どきなら、スマホで撮って動画にあげるぞ、なんていう極悪非道な人間が後を絶たないご時世なのですから。ただ、初めにこれは申し上げておきたい。もはや企業戦士でもないのですから、見たくもないものから目をそらされてはいかがでしょう、と。

人類の歴史をひもとけば、いつの時代でも若者や至らぬ人間に苦言を呈する年長者の繰り言を確認できます。が、ご案内のように、人類は幾多の問題を抱えていても、今日ほど幸福な時代はないことを知るのです。未熟でロクデナシの烏合の衆と思われる人々が、その艱難辛苦の刻を経て、人類に未曽有の繁栄をもたらしてきたのです。これから先の人類の歴史も、当たり前のルールを守ることのできない愚か者をも溶解し、なおもまた一歩前進の歴史を刻んでいくに違いありません。

悠久の大河を流れる歴史の一コマを生きる日々にあっては視野狭窄に陥ることなく、一息つかれ、周囲を眺められる知恵を発動なされてはいかがと愚考いたします。なんとなれば奥方と同じく、人間一人変えるには並大抵の努力ではかなわないからです。ましてや出会い頭の不届き者を次から次へと相手にしていては、命が尽きてしまうというものです。ここで持たなければならないのは、不満足であっても太陽が東から昇って西に沈む定理を変えることができないと同じく、どうあがいても世の中には変えることができないものがあるとの諦観でございましょう。

65年の月日を生きてこられたあなたさまは人間は所詮、因果応報の頸木からは逃れられないことはよくご存じのはずでございます。自分勝手で礼儀知らずの人間を見たら、いつかきっと奈落の底に落ちるに違いないのにお気の毒さま、との憐みの気持ちで見守るのが正解でございましょう。

目撃したら見なかったことにする胆力を涵養なされませ

いささか世に出たエロ事師の手前どもは、正月早々ネットでは罵詈雑言を浴びせられております。なんの面識も利害関係もない、赤の他人から自己承認の欲求の的にされ一年中、袋叩きに遭っているのです。正直なところ自らの我欲を満たすためになんという不届きなヤツらだ、叩き切ってやる、と不快に思うこともありますが、いずれ自縄自縛に陥って地獄を見ることになるぞ、と突き放しております。

おかげで2019年12月にはネットの誹謗中傷に耐えた日本人代表として、J－CASTニュースの「2019年炎上アワード」を受賞いたしております。

見ぬもの清しと言います。美女のただれた痔瘻の痕を凝視しても何の益にもならないように、不愉快なヤツらを目撃したら見なかったことにする胆力を涵養なされませ。

キレやすいのは脳の前頭葉の機能不全による痴呆の初期症状という説もございます。世の中の事象は考え方ひとつでどうにでもなるものです。タクシーを降りる時、メーターが上がったら、それと同じ回数だけメーターが上がる寸前に降りていたことがあるとのバランス感覚こそが、年金生活を「香熟」なものとしてくれましょう。ぶら下げて歩くのは木刀ではなく極太だけがお似合いかと存じます。

相談39

お題 携帯ショップの理不尽に腹が立って仕方がない

Q

父親が他界しました。生前、連絡用に私が契約して携帯電話を持たせました。それを解約しようとしたら手続きには死亡証明書、それも原本が必要で役所に取りにいきました。携帯で死亡証明書……。携帯会社が個人情報を勝手に使えることに納得がいきません。スタッフの対応の横柄さ、説明のわかりにくさ、見下し、シカトする態度にも腹が立つばかりです。

（会社員・58歳）

亡き父君の携帯電話の解約に死亡証明書が必要!?
「人間こうなったら終わりだ」と教えてくれる人間修業の場です

A

あなたさまが感じられた携帯会社での屈辱的な思いは、誰しものものです。私もこれまで携帯ショップの店員と幾度となく関わりを持ってきましたが、一度として応接の態度に満足したことがありません。

揃いも揃って慇懃無礼で、まるでお客を生活保護受給者のごとくに見下す態度に、どれほど不快な思いをしたかわかりません。が、今日、携帯電話がなければ私たちの生活は成り立たなくなっています。いわば電気やガスや水道と同じ、欠くことのできないライフラインとなっているのです。

そうした「公共の仕事」といっていいほどに重要な職務を担っているのにショップ店員の「お客さまあっての商売」とは程遠い、ナメた接客は何とも承知しかねるものです。100円のガムを売っているコンビニのアルバイト店員の方がよほどサービス精神は優れている気がします。

その実態はコミッション稼ぎの銭ゲバ代理店に過ぎない

電波事業法では「国民共有の財産である電波を利用する事業者は等しく国民の利益に資することが求められる」となっています。が、一度携帯キャリアを決めると他の携帯会社に乗り換えるには1万円以上の手数料がかかり、そのうえ複雑な手続きが必要となり、他に乗り換えるユーザーは少数派です。よって愛想笑いでもしようものなら大損するがごとき根性のショップ店員にぞんざいな扱いを受け、我慢を強いられているのです。

年間数兆円の売り上げを誇り、うち20％という莫大な利益を上げている超一流企業となりし携帯会社には、法外な携帯料金を下げると同時にその企業規模と社会の役割にふさわしい適切な社員教育を求められるのですが、ちまたに氾濫する携帯ショップのほとんどはキャリアの看板を掲げていても、その実態はコミッション稼ぎの銭ゲバ代理店に過ぎません。

このことから、残念なことに彼らに「消費者の豊かな生活に貢献を」などとの奉仕の精神を求めることは「銭ゲバの耳に念仏」となっています。彼らは一円でも多いコミッションを求め、お客をただ利用し利益をむさぼる獲物としか考えていないからです。

そうではなく、お客さま第一に考えることができれば、あんな横柄な態度やわかりにくい料金システムなどありえないはずです。もはや私たちは空気のように携帯なくしては必要な社会生活を営むことができなくなっています。それなのに携帯ショップに行くたびに「説教強盗」に遭ったような無念さや悔しさを感じているのです。

人を変えることができなければ、自分が変わるしかありません。帯に短しタスキに長しの携帯会社の現状で、お灸《きゅう》を据える手段を持たない私たちは、携帯ショップは「人間こうなったら終わりだ」を教えてくれる人間修業の場と考え、心の健康が損なわれることなきよう参りたく存じます。

相談40

お題 資金繰りに困って知人から300万円借金、返済できない

Q 自分で商売をやっています。去年は持続化給付金などでつなぎ、それでも足りなくて知人から300万円借りました。その借金の返済のめどが立たず、連絡をしにくくなっています。不義理はしたくありませんが、経営はカツカツです。どうしようかと悩み、頭から離れません。

（自営・55歳）

相手を見くびってはいけません。つらいのは借りたあなたさまではなく貸した方です。クヨクヨせず、働きなさい

A

商売をなされておられるあなたさまのお立場なら、借金は当たり前です。あの日本を代表する世界企業TOYOTAでさえも、銀行からの借入金でビジネスを展開しています。会社の大小にかかわらず借入金は当たり前のこと、傷を負ったごとく忌み嫌う必要はありません。商売をしていれば、関ケ原の戦いと同じように勝つ時もあれば負ける時もあります。一時の「負け」で臆病風に吹かれ、勝つことだけにこだわっていては戦場に出かけることができないのです。あなたさまは商売という戦場を駆ける戦士、むしろ失敗は自分にとっては最善の財産となるぐらいのず太さこそ求められるのです。

あなたさまの300万円の借金はこうしたビジネスの取り組みの延長線上でとらえるべきと考えます。せっかく、お金を用立ててくれた知人を裏切ることになったらとお悩みですが、そうした不安は無意味な動揺以外の何ものでもありません。それは起きてもいない死を考えると死が怖くなり、居ても立ってもいられぬほどに恐怖を感じると同じで、人を駄目にするのは現実の障害ではなく、無益な想像であるということを承知なされてください。

商売という戦場を駆ける戦士に求められるのはず太さ

息子が小学生時代、私学に通っていました。倒産し、50億円の借金を背負い喘いでいましたが、なんとか子供の学費だけは工面しなければと数日間眠れぬほど苦しみました。子供の未来だけは奪いたくないと意を決し、倒産前に助監督をしていた男の元へ恥をしのんで頼みに行ったのです。なんとか工面してくれないだろうかとテーブルの上に手をつき、頭を下げると自然と涙がこぼれ落ちました。

頭を上げると目の前のかつての助監督も涙を流して「監督、よくぞ私みたいな人間のところに、感謝します」と喜んでくれ、翌日、銀行の口座に頼んだ額の倍のお金を振り込んでくれたのです。

お金を貸すと友情が壊れるから貸さないと調法なことを口にする人間がいますが、助けて欲しいと藁にもすがる気持ちでやって来た友に、よくもそんな薄情なことを言えるものよと呆れます。

お友達はあなたさまの「友情」に報いるつもりで300万円を差し出したのです。その結果、返済がかなうことはなくても悔いはない純粋な気持ちで用立てたのではないかと推察します。

相手を見くびってはいけません。つらいのは借りたあなたさまではなく貸した方なのです。今あなたさまがやるべきことはクヨクヨすることとオサラバし、恩人の厚意に報いるために一生懸命にお働きになることです。

そしてやがてあなたさまと同じような経済的苦境に陥った友が金の工面の相談に来られた時には「よくぞ頼って来てくれた」とできる限りのことをしてやれる「器量人」となられることを願うのです。

相談㊶

お題 無観客でも五輪が開催できてよかったけど……

Q

彼と東京五輪をやれてよかったと話しています。開催前に関係者の辞任が続いた時はあの魔女狩り的な空気が怖かった。コロナが増えているので無観客は妥当、騒ぎ過ぎです。五輪は無観客なのに、野球は人を入れてやって、なぜ飲食店だけダメなのか。彼と二人でお金を貯めたいのですが、政府は五輪とコロナで使ったお金をどうするのか、税金が心配です。

（会社員・25歳）

国民は、飲食店を生け贄にして「やってる感」をアピールする政府五輪だけ無観客の二重基準に対して怒っているのです

A

東京五輪が終了しました。コロナ禍にあって開催が危ぶまれましたが、世界の新型コロナの感染状況を考えれば、極端に感染者数も死亡者数も少ない我が国だけが唯一開催できたのでした。その意味では「人類の平和の祭典」を謳うオリンピックにとって、世界がコロナ禍に見舞われる中での「東京開催」は不幸中の幸いと言えるものです。

日本代表選手は史上最大の金メダルを獲得、自国開催に花を添え、これ以上はないという最高のパフォーマンスを見せていただき、生涯二度ないであろう感動をもらいました。

あなたさまと同じように東京五輪はやってよかった、そして選手たちにはありがとうと感謝の気持ちをお伝えしたいと存じます。

政府は五輪招致を東京にと訴えた際は「経済効果が30兆円見込まれる」と国民に理解を求めましたが、無観客開催となり、予定していた海外からの訪日客もゼロとなり、入場料収入900億円も水泡に帰しました。東京五輪の立候補ファイルでは大会経費は当初7340億円と試算されていましたが、20年の段階では1兆3500億円、最終的には総額3兆円まで膨らんでいます。これだけの国費を投入し、五輪を開催しながら、なぜ日本人を観戦させることができなかったのでしょう。東京五輪終了後にプロ野球やサッカーの試合は有観客でやっている日本という国の二重基準が、国際的信用を大きく損なっている事実を看過できません。

ご心配の五輪やコロナ禍で使った税金をいかなる方法で穴埋めするかでございますが、このコロナ禍にあっても昨年度の国の税収入は史上最高の60兆円超えを果たしています。日本を代表する主要企業の収益も本年度も軒並み堅調でこの4～6月のトヨタ自動車やソニーは過去最高益を叩き出しています。問題はあなたさまが危惧なされているように、緊急事態宣言発出により依然として自粛を求められる飲食店業者らの困窮者です。

科学的根拠を明確に示さず、飲食店業者を生け贄にして「やってる感」をアピールしようとする政府の魂胆に、国民は怨嗟の声を上げているのです。飲食店業者のみならず社会の底辺で何の保障もない生活を営んでいる弱者は先が見えない状況で希望を失い塗炭の苦しみを味わっています。

政治家の役割は希望を与えることです。今すぐに物理的な救いの手を差し伸べることができなくても「大丈夫ですか」と励まし、優しい言葉をかけることはできます。

菅総理には残念ながらそれが足りません。いつも泳いだ目で原稿を棒読みしているから伝わらないのです。野党の体たらくぶりや与党内に相応しい後継者がいないことで「自分しかいない」とタカを括っておられる増上慢さ、コロナ禍よりこうした自堕落な総理の存在こそが我が国にとっての不幸と言えるものです。

相談㊷

お題 厚労省にコロナの責任はないのですか

Q コロナの感染が止まりません。これまで支えてきたのは医療従事者の献身と国民の自助です。去年のコロナ騒ぎから不思議に思っています。これまで厚生労働省だけ責任の追及を逃れてきた気がします。ワクチン、治療薬などは厚労省です。次官とか厚労省の役人は表に出てきて説明しない決まりなのですか。ワクチンが遅れたのは厚労省の認可が遅かったからです。

（65歳・会社員）

国民は医療行政を担う厚労省役人の怠慢、口を開けば「人流抑制」や「時短営業」しか言わない会長「欲張り村の村長」の日医、「やってる感」をアピールするだけの知事、「医者の仮面をかぶった悪党」に命を奪われている

A

おっしゃる通りでございます。大東亜戦争の敗戦でもわかる通り、国を危うくするのは外敵ではなく、内なる敵である官僚の無知無能によって国が滅びます。欧米諸国と比べ人口比数十分の1の感染者と死亡者に過ぎない我が国で新型コロナの感染が国内で広まり、以来1年7カ月有余、いまだにコロナ禍のドロ沼から抜け出せないのはひとえに、国民の医療行政を担う厚労省役人の怠慢です。

自らの省益と既得権益の死守に汲々としていて「国民の医療」と言いながら、自分たちの儲けしか頭にない「欲張り村の村長」の日医と癒着、娼婦のように陵辱され続けているからです。その象徴的人物が尾身会長です。

この男、口さえ開けば「人流抑制」や「飲食店の時短営業」などと国民に犠牲を強いることは得意ですが、コロナ禍の元凶である「欲張り村の村長」に言及することはありません。

抜本的に解決するには感染した患者を早期治療することで重症化を防ぐことにつきます。

死なない病気は怖くなく、かかっても重症化する前に必要な治療を行う体制をとることで、ただ今の「危機的」といわれる状況を改善することができるのです。何をしなければならないか、答えは1つです。感染症2類の新型コロナをインフルエンザと同じ5類にすることです。そのことで保険所を通さずとも、症状の出た方はいつでもどこでも好きな病院に行き診断を受け、治療を施してもらうことができます。

現在のように2類にしていて保健所を通さなければ医者にかかり入院することもできないといった愚策は一刻も早く改めるべきです。もはや保健所にはそのマンパワーもなく、能力も限界を迎えています。インフルエンザの時と同じように近くの病院に出向き、検査を受け、新型コロナにかかったとの診断を受けたら直ちに「レムデシビル」など有効な治療薬や抗体カクテルの投与を受けるだけで、命は失われず救われるのです。

国会を至急開会し、感染症法を改定、2類を5類にすること、このこと以外にコロナ禍を脱出する方法はありません。

市民への医療体制の構築と病床確保の責任は国ではなく、各都道府県知事にあります。

小池知事は「もはや災害といえるレベル」などと恐怖をあおることに輪をかけている始末ですが、そんな「やってる感」をアピールしている暇があったなら、国や厚労省に「早急に2類を5類に」と働きかけをすべきです。私たちはただ倒れたままの能ナシでいるワケにはいかないのです。

先がけてワクチン接種の恩恵を受けている身でありながら、倒れ苦しんでいる病人への治療放棄をしている「医者の仮面をかぶった悪党」から医師免許を剝奪すべきです。

怖いのはデルタ株ではなく、国民に奉仕する立場の人間にはびこる「怠惰」という悪徳なのです。

相談43

お題　個人情報の使い分けは矛盾だらけです

Q　1年前、コロナの給付金がなかなか届かず、マイナンバーカードを登録しました。ところが、個人情報の漏洩がネックで登録数はやっと3000万件を超えたレベルだとか。ネットには個人情報が溢れています。マイナンバーの個人情報には厳しく、ネットはかまわないという人の考えは矛盾している気がします。私がよく理解していないのでしょうか。

（50代・主婦）

（※4549万件　2021年3月時点）

マイナンバーの登録は有無をいわさず、私たちの責務
欧米諸国とは雲泥の差！
まるで縄文時代のごとき体たらく

A

マイナンバーに登録すると、タンス預金がバレるから嫌だという知人がいますが、本来行政サービスを円滑に行うためのツールに対し、そうした誤解を広めた反対勢力の罪の大きさを思い知らされます。

米国バイデン政権は２００兆円のコロナ対策予算を成立させ、年収８６０万円以下の国民に1人当たり最大15万円の補助金を支給することを決めましたが、マイナンバー普及のおかげで2週間以内に該当する国民への配布が完了するといわれています。

国民に広く付与されている欧米先進諸国と比べて、マイナンバー制度が十分に普及していない我が国は先の10万円の給付金でも、配り終わるまで3カ月以上かかった、弥生縄文時代のごとき体たらくと比べれば雲泥の差です。

マイナンバーの便宜性とはお国にあるのではなく、円滑な行政サービスの恩恵を被ることになる国民の方にあることを理解すべきです。また、過剰なまでに個人情報の流出を気にする向きには私のようにケツの穴をご開帳するわけでもなく、情報化時代の利便性豊かな生活を享受するには、ある一定程度の個人情報を提供しなければサービスを受けることができないことを承知しなければなりません。

行政サービスを受けながら登録に協力しないでは話にならない

ネットで買い物をすればAIのビッグデータがたちどころに発動し、類似商品の雨あられのごとくの売り込み宣伝広告にさらされることになります。

また、グーグルマップを開き、住所だけをうちこめば、たちどころにどんな家に住んでいるか写真で明らかになり、携帯の位置情報に登録すればどこにいても5メートル以内に居所を特定される「個人情報共有」の社会に私たちは生きているのです。よりよい人生を生きる幸せの基準は人それぞれですが、生活基盤である水や道路や消防警察の行政サービスを受けていながら、それら円滑運用のためのマイナンバー登録に協力しないでは話になりません。

私たちは不幸にして難病にかかり、1000万円近い手術代が必要となった時、我が国の優れた国民皆保険の「高額療養費制度」の発動で、たった8万円程度の個人負担で治療を受けることができるのですが、それら本来煩雑な手続きもマイナンバーを提示すれば容易に済ますことができるのです。

コロナ禍ではありますが、私たちはこの地震列島といわれる島国に生きています。将来必ず噴火するといわれる富士山をはじめ、確実に起きると想定される首都直下地震や南海トラフ巨大地震によって未曽有の大災害に見舞われることが予測されます。こうしたロシアンルーレットのような状況を生き延びる私たちの命の綱はワクチン接種では見られることができなかった迅速かつ強靭な行政サービスです。

そのサービスを受ける民草の立場から、マイナンバーの登録は有無をいわさず私たちの責務なのでございます。

家庭が崩壊した知人の女性がいます「触らぬ神にたたりなし」でやり過ごすのが身のためと存じます

相談44

お題 **株が上がっているので買ってみようと思っています**

Q 株価が上がっているので、株を買おうかと思い、詳しい知り合いに相談しています。退職金の蓄えはありますが、老後には十分じゃないし、嘱託で働いているうちから増やして、300万円を元手に1000万円くらいにできないかと考えています。ただ、これまでも株を買ってうまくいかなかったので不安です。やっぱりやめようかと悩んでいます。

（63歳）

A

株のトレーダーをしている40代の知人女性がいます。最初は親の遺産で授かった1000万円を高校生と中学生の2人の息子の将来の大学の授業料に充てるつもりで、株取引に手を染めました。が、徐々にのめり込み、やがてはお茶の間にしつらえた3台の大型モニターの画面の株式情報にくぎ付けの生活となりました。

日本での株取引の時間が過ぎても気が抜けません。世界の動きと経済市場の状況に日本の相場も大きく影響を受けるために、ヨーロッパから米国、南米から中近東の動向に目を光らせ、情報収集に怠りなく励む必要があり、心身を休める時間がほとんどない生活が続きました。

おかげで家事の洗濯や掃除や料理に手が回らなくなり、公務員のご亭主が代わりに主夫を担うこととなりました。年頃の2人の息子は、優しい母親との家族だんらんの機会を喪失し、いつもイライラと気が立っている母親を敬遠して自室に引きこもるようになりました。やがては家族関係がのっぴきならないまでに破綻し、ご亭主は離婚を、2人の息子は母親を「テメエ」と口走るようになったのです。家庭崩壊です。

1日18時間、365日のトレードの時間給はたった152円だった

一家挙げての消耗戦の果てに、彼女が摑んだ1年間の株取引の報酬は100万円足らずでした。1日18時間、気を休めることなく一心不乱に没頭した365日の労働の代価が、計算すれば時間給152円に過ぎなかったのです。

現代の最高のネット環境を駆使した揚げ句の収入が、石器時代に戻ったのでした。ただ、株価はこれからも上昇し続けるように見えます。手元に少し余裕があればあなたさまのように、この機会にひと儲けしてやろうかのスケベ心に駆られることはよく理解できます。

が、今日の株式市場は個人のトレーダーではなく、ビッグデータのスーパーコンピューターを駆使した大資本の機関投資家によって左右されています。

おこぼれにあずかろうという魂胆でしょうが、株に素人のあなたさまがそうした生き

馬の目を抜くような「一寸先は闇の株賭場」に参入するということは、青森・大間の伝説のマグロの漁師を向こうに回し、最新の魚群探知機もソナーの装備もない手こぎボートで大海にこぎ出し、フナ釣りの竿で挑戦するような行為にも似て、結果はロクなことになりません。

ここは「触らぬ神にたたりなし」でやり過ごされるのが身のためかと存じます。それでも諦められなければ、2、3カ月実際に株を売買することなく、データだけで試されてみてはいかがでしょうか。「濡れ手で粟」は誰しも夢見ることですが、儲ければ儲けたで、損すれば損したで勤勉に労働する気が奪われるといった、廃人になる罰ゲームがパックリ口をあけて待っていることを、お忘れなきよう、ご承知くださいませ。

相談㊺

お題　ギャンブル好きの夫と離婚したいけど、生活が……

Q　夫のギャンブルのことで相談です。生活はギリギリなのに、アルバイト収入の月数万円をほぼギャンブルにつぎ込んでいるようです。隠れてやっているのは後ろめたい気持ちがあるからだと思います。子供は2人で下の子も来年小学生。ギャンブルより子供のために使ってほしいのに……。このまま家庭を顧みないなら離婚したいけど、生活を考えるとそれもできません。（42歳・主婦）

結論

角を矯めて牛を殺しては
元も子もありません
一獲千金を夢見るのは
家族を幸せにしたい男の「野望」ゆえ

A

男は「野望」という匕首をフトコロに忍ばせ、この世に生まれ出ています。が、現実には学歴や閨閥や職業差別という高き壁が立ちはだかり、挑戦するもあえなくその壁を突き破ることがかなわず、の失意の男たちが多数派です。先の大東亜戦争の日本兵のように塹壕にこもり、思うに任せぬ日々を過ごすことを強いられているのです。自分はひとかどの人物であるとの自負を捨て去ることができず、ただ者でない己を知らしめてやりたいという野心が燃え尽きることがないのが男でございます。そのやり場のない不完全燃焼のくすぶりが、生き甲斐を求めるご主人さまをギャンブルに向かわせています。馬で家を建てた人間はいないの戯れ句は承知の助なのです。

ギャンブルはＡＩでは予測不可能な人間の全知全能を賭けた「ひらめき」の挑戦の世界です。その世界で勝利をモノにした時の「美酒の味」は戦慄のセックスの絶頂をも凌駕し、よくぞ男に生まれけりの充足感をもたらしてくれます。いわば「かくすればかくなるものと知りながら、やむにやまれぬ大和魂」の男の「野望」実現のエクスタシーなのです。

ギャンブルの、普通の生活では味わうことのできない緊張感やスリル、達成感は命と引きかえに戦場で戦う兵士の高揚感にも似ています。ですから、ヘタにご主人さまからギャンブルを取り上げると、戦場からの帰還兵のように抜け殻状態になってしまう恐れがあります。

角を矯めて牛を殺しては元も子もありません。ここは腰を低くしてご主人さまの目線でお考えになられてください。ギャンブルの費用の毎月の数万円は家計に負担をかけずに、別のバイトの収入を充てられているのであれば、働きモノの飼い馬の餌代と考えられ、大目に見てやっていただきたいのです。あなたさまに隠れてやっているのは、勝負の行方が思うに任せず、後ろめたいからでございましょう。

武士の情けでございます。問いただすといった、切り傷に塩をすりこむような無情なことは控えられて、ここは見て見ぬフリの山内一豊の妻の振る舞いをとられてください。

男の趣味には「酒や女」とこの頃では「クスリ」がつきモノです。

酒に溺れて体を壊し、女遊びが高じて離婚となり、クスリ中毒となり果てて御用となってしは悲惨なことになります。ギャンブルも、私のようにビジネスで行えば50億の借金を抱え、返済までの20年間、塗炭の苦しみを味わうことになりかねません。

勝手な言い分とお叱りくださいｓ。ご主人さまが一獲千金を夢見ているのは誰よりも家族を幸せにしたいとの男の性の「野望」ゆえでございます。

自分で働いた金で夢を追いかけているご主人さまを追い詰めることなく、しばし暖かい太陽の光で見守って差し上げていただきたいのです。

コラム

⑩ 50億円の負債をどう乗り切ったか

90年代前半に参入した衛星放送事業が失敗して一時は50億円もの負債を抱えていた「平成の借金王」です。カネの貸し借りに関する経験はだれよりも豊富です。

といっても、実は自己破産をしたことはこれまで一度もないんです。だからといって、してはいけないと思っているわけではありません。社会のルールの中で許されていることなので、行使するのは全然かまわない。ベニスの商人のように、カネを返さなければ命まで差し出さなければならないという時代ではないのですから。

それでも、私が自己破産に頼らなかったのは日本的ビジネスの風土の中では一度そうしたことをしてしまうと、なかなか次のチャンスをもらえなくなってしまうから。米国なら、何回失敗しても立ち直ることができますが、日本では倒産や破産をしてブラックリストに載ってしまったら出直すのに最低でも5年、通常は10～20年かかります。

しかし、いくら自分が自己破産をしたくなくても、銀行は違います。私は半年の間に2度も破産をさせられそうになったことがあります。「債権者の破産申し立て」というのを別々の銀行から東京地裁に立て続けに出されたのです。銀行としては回収できなくても早く会計上の処理をしてしまいたかったのでしょう。結局、どちらの裁判でも破産を免れました。裁判所の担当官は「破産は簡単だし、その方があなたにとっても楽でしょ」と仰《おっしゃ》るのですが、私は破産するつもりはないと頑《かたく》なに抵抗しました。この程度なら、いくらでも返せるし、それなりに担保は出しているので、破産は納得できないと主張すると裁判官は「こうしたケースではみんな、破産を望むのですが、珍しいですね」と言いながら銀行の申し立てを退けてくれました。

こうした姿勢を見せていることは結果的にプラスでした。村西は「逆境に屈しない男」というご評価をいただけた。周囲の人たちに自己破産で逃げたりしないと思われることで、こいつにもう一回チャンスを与えてやろうという気持ちにさせたんです。

懇意にしている信用金庫の担当者は「監督のような七転び八起きしてきた人材は貴重」と持ち上げてくれます。今や日本人はこぢんまりとまとまってしまって起業する気概を持った人間は100人に5人しかいない。彼らを大切に育てていくことが自分たちの役目であり、たとえその中から倒産するような人が出てきても、できるだけフォローしていくといいます。その先頭を行くのが村西とおるだとこの担当者は力説されるのですが、結局、カネは1円も貸してくれないんだ(笑い)。

普通に生きていくのであれば自己破産も賛成。ビジネスの世界で再チャレンジしたいのなら歯を食いしばって踏み留まる場面も必要ということです。

⑪ お金を貸した人の気持ち

事業の失敗で一時は借金が50億円に膨らみましたが、一方で人にカネを貸しておりました。頼まれると、なかなか断れないタチでございます。億の借金をしていながら、貸した100万円が返ってくるかどうか気が気でなくなってしまってね。人間がちっちゃいと思われるかもしれませんが、現実はそんなもの。カネの貸し借りをした人ならわかると思います。

もし、貸した相手が返してくれなかったらと考えると三日三晩一睡もできなくなってしまう。喉はカラカラに渇くし、血圧は跳ね上がる。催促したら開き直られ、返す様子がなければ、ヤツの家まで行って火をつけてやろうなんて、物騒なことまで考える始末。こうした経験をして、貸している側の気持ちがわかるようになるわけですが、私が本当の意味でそれに気がついたのは自身が殺されかけてからです。

90年代、ある男から5000万円を借りていました。倒産し借金がどんどん膨らんでいった時期でした。そんな時に男に呼び出され、クルマに乗せられました。

クルマは2時間半ほど走り続け、「ちょっと降りて」と言われ、外に出たらダムでした。そして、彼は恐ろしい言葉を吐いたのです。

「貸したおカネはもう返してくれなくてもいいよ。そのかわりにここから飛び降りて」

驚いて「なんで?」と聞くと、「オレ、すっきりするから」と言うのです。すごいショックでしたね。親しいと信じ込んでいた男の言葉とは思えませんでした。何より彼の心をそこまで追いつめていたことに衝撃を受けたのです。5000万円の重みがわからなかった。彼にとっては、「飛び降りて欲しい」ほどの重さだったのです。

土下座して「私は年商100億円の企業を経営し『AVの帝王』と呼ばれた男です。生かしておいてくれさえすれば5000万円どころか、何倍、何十倍にして必ず返済します。どうかチャンスをください」と必死で説得いたしました。そこでやっと貸した側の気持ちを理解できました。

カネの返済というのは貯金のようなもの。借りていた100万円を返したら、次は200万円を貸してくれる。それもちゃんと返して積み重ねていくうちに1000万円を貸してやろうということになる。いわば、返済は信用の蓄積であるということです。

⑫ ギャンブルとどう付き合うか

山あり、谷あり、谷底ありと人生そのものがギャンブルのような私ですが、これまで賭け事にハマったことは一度もありません。正確に言うと、賭ける側に回ったことがないだけで、賭けさせる側で大儲けしていた時期があります。

インベーダーゲームが流行りだした70年代後半、ゲーム機のリースでひと儲けしようと参入しました。もっぱら扱うのはスロット、ビンゴ、ポーカーなどのギャンブル機でした。おもに喫茶店に置かせてもらい、儲けをそこのマスターと折半します。

初めて、ゲーム機を置いたマスターから「たいへんです。100万円も当てた客がいる」と電話がかかってきます。声が震えています。破産するんじゃないかと青くなっている様子が電話口から伝わってきましたが、マスターに向かって「おめでとうございます」と申し上げました。

その客は最低でもこれからその10倍のカネを使ってくれるから心配しなさんなと。もう、その人はギャンブルから抜けられない。案の定それからも喫茶店に通いつめ、あっという間に1000万円以上つぎ込んでくれました。

そもそもこれらのゲーム機で店側が損することはありません。ゲーム機の中に確率機が内蔵されていて、予め払い出す率が決まっているのです。ところが、そんなことを知らない客は一度勝つと味をしめて抜けられなくなってしまう。その結果、マンションの権利書まで手放した人を何人も見ています。

ゲーム機を設置してある喫茶店をトヨタハイエースで回って、店側と折半したカネを回収していくのですが、１００円玉の重みで車が傾きました。ジュラルミンケースに１００円玉がちょうど1万個入る。毎日のように10個のケースがいっぱいになり、1年後には個人でキャッシュを7億円も貯め込むまでになっていました。

競馬、競輪、ボート、オートといったお上が胴元のギャンブルもこれと変わりません。払戻率は75%前後。長くやればほぼすべての人が損するようになっています。トータルで儲けている人は10万人に1人もいないでしょう。

大穴を当てるのは快感に違いありませんが、それは悲劇の幕開けでもある。当たったと喜んでいるような人は主催者側からすればネギをしょったカモです。あちら側はこの人の財産いただきと思っているのです。ギャンブルにのめり込んだ人が子供のランドセルまで質屋に入れるなんて、珍しい話ではありません。財産をすべて失っても、まだやめられないのがギャンブルです。

大穴を当てた人は仲間に吹聴して大盤振る舞いをしてほしい。馬券が当たったことは運の尽きと考え、この際、厄払いする。そうして金離れのいいところを見せれば、周囲からの評価が「万馬券」となるでしょう。

村西とおるの半生

1948年	村西とおる、福島県いわき市に生まれる。
1970年	高校卒業後、バー勤務を経て、英語百科事典を1週間で20セット販売するトップセールスマンに。
1973年	米国人講師を集めて英会話教室開講。大儲けする。
1978年	テレビゲームのリース業やテープレコーダーの訪問販売で7億円の収入。
1980年	本屋でビニ本を見て衝撃を受けアダルト業界入り。北大神田書店グループ会長就任、「ビニ本の帝王」と呼ばれる。
1984年	わいせつ図画販売目的所持で逮捕。刑事に「あんた、いい仕事するね」と言われ、警察もホメてくれたんだから「俺にはエロしかない」と決意。老舗ＡＶメーカー・クリスタル映像でＡＶ監督を始める。

1986年	TV番組などで賑わせ、村西とおるの名前が世に知られる。 「リアルの性を証明しよう」とAVに初めて本番（ハメ撮り）を導入。 黒木香主演『SMぽいの好き』発売。 「アダルトビデオの帝王」の名前が広く知れわたる。 12月　米国で空中ファック撮影などのロケ中に逮捕。 求刑懲役370年。保釈金等に1億円を費やし、半年後に帰国。
1987年	クリスタル映像で「ハメ撮り」「駅弁」「顔射」など独自スタイルの作品を次々と発表。
1988年	AVメーカー・ダイヤモンド映像設立。 第5回参議院選挙に出馬宣言、「全日本ナイス党」を結党。 しかし、結党翌日に逮捕。
1989年	松坂季実子がデビュー。「巨乳」ブームのさきがけとなる。最盛期を迎え、年商は100億円達成。

1990年	のちに妻となる乃木真梨子、本番中もメガネを外さない野坂なつみ、元ミス日本東京地区代表の卑弥呼などがAVデビュー。本名の草野博美名義で、かとうれいこ、飯島直子などのタレントを起用しビデオ映画の製作に進出。衛星放送「ダイヤモンドチャンネル」を開始。「空からスケベが降ってくる」の売り文句で通信衛星放送事業に乗り出し失敗。
1992年	ダイヤモンド映像倒産。50億円の借金を背負う。
1996年	借金返済のため世界初のアダルトDVDを制作。北海道で撮影敢行。
1997年	克美しげる主演映画『愛が泣いている　さすらい』の脚本・監督を手掛ける。
2012年	心臓の病で緊急入院。生死の境を彷徨うが奇跡的に一命を取り留める。

2016年 「全裸監督 村西とおる伝」刊行

2018年 Netflixで『全裸監督』（山田孝之主演）が全世界配信開始。

2021年 Netflixで『全裸監督2』（山田孝之主演）が全世界配信開始。

本書刊行に寄せて

かつて原宿・表参道にあるキディランドの前を歩いていたら、「ナイスですね」の村西とおる監督が一人所在なげに歩いているのをお見かけしました。Ｎｅｔｆｌｉｘ「全裸監督2」で描かれている、衛星事業を始めて、「空からスケベが降ってくる」という刺激的なキャッチコピーで世間を騒がせていた頃のことです。それからしばらくして巨額の借金を背負っていることを記事などで知りましたが、当時は「ＡＶ界の風雲児」村西監督にいつか仕事をお願いすることになるとは思いも寄りませんでした。

２０１５年、ひょんなことから夕刊紙『日刊ゲンダイ』で「元気が出る集中講義」を連載していただきました。お会いした監督が語ってくれたのはほとんどが人生論、哲学。興味深かったのは家族の話でした。とくに夫と離婚し、二人の姉と監督を女手一つで育てながら奔放に生きた母・シズさんのことです。監督はまるで講釈師のように朗々と語りあげ、言葉が途切れることがありませんでした。シズさんの直截《ちょくせつ》で、常識にとらわれず、思うがままに振る舞う姿は、例えば島田洋七さんが「佐賀のがばいばあちゃん」、ビートたけしさんが「菊次郎とさき」の中で書いた祖母、母を彷彿《ほうふつ》とさせ、含蓄《がんちく》がありました。村西監督には、世界に冠たるＡＶ監督としての顔とは別に、家族や豊富な経験で培われた人生論の語り部としての顔があると確信しました。

文豪、三島由紀夫は「仮面の告白」や「金閣寺」といった名作で知られますが、強烈に記憶しているのが「不道徳教育講座」です。ウィットと皮肉で世間の常識を嘲笑《あざわら》う痛快な一冊です。ここで飛躍しますが、では、AV、「全裸監督」で世界を制した村西監督に不道徳な講座をお願いしたら、どんなものができてくるか。そんな素っ頓狂な企画も面白いのではないか。監督にその旨をお伝えしたところ、快諾いただき、『日刊ゲンダイ』で2度目の人生相談「不道徳すぎる講座」の連載がスタートしました。

不道徳という言葉はコンプライアンスが大手を振る現代においては、ある意味、死語でしょう。しかし、「全裸監督」の村西監督なら、痛快に料理してくれる……。その期待は当たりだったと思います。

始まってみると、不道徳とは裏腹に、「すごくまっとうですね」という反響を多くいただきました。編集を担当した者としては「村西監督の本質は人生相談にあり」と勝手に思い込んでいます。

2021年9月

峯田　淳（コラムニスト）

村西とおる（むらにし・とおる）

1948年、福島県いわき市生まれ　高校を卒業後、バー勤務、百科事典のセールスマン、テレビゲームリース業、ビニ本販売などを経て1988年にダイヤモンド映像を設立、衛星放送事業に失敗して50億円の借金を背負う。前科７犯。2018年、自身がモデルの「全裸監督」がNETFLIXでドラマ化され、世界的ムーブメントに。2021年６月「全裸監督２」も好評配信中。

全《ぜん》裸《ら》監督《かんとく》が答《こた》える
不《ふ》道徳《どうとく》で世界一《せかいいち》まっとうな人生相談《じんせいそうだん》

２０２１年９月30日　第１刷発行

著者　村西《むらにし》とおる

発行者　寺田俊治

発行所　株式会社　日刊現代
東京都中央区新川１-３-17　新川三幸ビル
郵便番号　１０４-８００７
電話　０３-５２４４-９６００

発売所　株式会社　講談社
東京都文京区音羽２-12-21
郵便番号　１１２-８００１
電話　０３-５３９５-３６０６

印刷所／製本所　中央精版印刷株式会社

表紙・本文デザイン　有限会社エム・サンロード

ISBN978-4-06-525766-1